Planetarium
Praha-Holešovice
AVU
U Akademie
Gerstnerova
Veletržní
Veletržní palác
Heřmanova
Milady Horákové
Letenské nám.
Letohradská
Strossmayerovo nám.
sv. Antonín
Bubenská
VLTAVSKÁ
Za Viaduktem
U Topíren
Na Ovčínách
Skalecká
Kostelní
Národní technické muzeum
Letenský tunel
Nábřeží kapitána Jaroše
OSTROV
Centrální tenisový dvorec
Zimní stadión
Hlávkův most
Železniční most
Štefánikův most
Vltava (Moldau)
Těšnovský tunel
Nábř. Ludvíka Svobody
Na Františku
Anežský klášter
Poštovní muzeum
Klimentská
Wilsonova
Ke Štvanici
Jüdisches Rathaus
U Milosrdných
Španělská syn.
JOSEFOV
Maisel-Synagoge
Pinkasova synagoga
Soukenická
Petrské nám.
Hotel Imperial
Na Poříčí
ST. MĚSTO
Muzeum hlavního města Prahy
Křižíkova
Hudební divadlo (Musiktheater)
FLORENC
Autobusové nádraží Florenc
Palladium
NÁMĚSTÍ REPUBLIKY
Na Florenci
sv. Jakub
Dům U kamenného zvonu
Týn (Teynhof)
Obecní dům
Nám. Republiky
V Celnici
žel. stanice Masarykovo nádraží
Hybernská
Prašná brána
Husitská
Jan Hus
Staroměstské nám.
Staroměstská radnice
Magistrat
Celetná
Týnský chrám
Grand Café Orient, Kubista
Dům U Černé Matky Boží
Senovážné náměstí
Karolinum
Stavovské divadlo
sv. Havel
Jindřišská věž
sv. Jindřich
VRCHLICKÉHO SADY
HLAVNÍ NÁDRAŽÍ
žel. st. Praha hlavní nádraží-Wilsonovo
Nám. W.Churchilla
Vysoká škola ekonomická
MŮSTEK
Václavské náměstí
Grand Hotel Evropa
Muzeum Lega
NÁRODNÍ TŘÍDA
Palác Adria
FRANTIŠKÁNSKÁ ZAHRADA
Světozor
Lucerna
Státní opera
Legerova
MUZEUM
Národní muzeum
RIEGROVY SADY
VINOHRADY
Vinohradská
Novoměstská radnice
Žitná
Mezibranská
Anglická
Slezská
KARLOVO NÁMĚSTÍ
sv. Štěpán
sv. Ignác
Ječná
Nám. I. P. Pavlova
I.P. PAVLOVA
Jugoslávská
Nám. Míru
sv. Ludmila
NÁMĚSTÍ MÍRU
Muzeum A. Dvořáka
Rumunská
Francouzská
U Nemocnice
Všeobecná fakultní nemocnice
sv. Jan Nepomucký Na skalce
NOVÉ MĚSTO

PRAG

DER AUTOR

Als Reiseleiter begleitete **Gunnar Habitz** jahrelang Touristen nach Prag und London sowie quer durch Europa. Aus den zahlreichen Entdeckungen und Tipps entstanden diverse Reiseführer und viele Artikel über seine Schwerpunkt-Länder Tschechien und die Schweiz. Als langjähriger freier Mitarbeiter der »Prager Zeitung« berichtete er bis zur Einstellung der Printausgabe 2016 außerdem regelmäßig über die Gastroszene in der Moldaumetropole. Hauptberuflich arbeitet Gunnar Habitz als Manager in der IT-Branche (www.habitz.ch).

www.vistapoint.de

Inhalt

Chronik

Service von A bis Z und Sprachführer

Zeichenerklärung

Top 10
Das müssen Sie gesehen haben

Mein Prag
Lieblingsplätze des Autors

Vista Point
Museen, Galerien, Architektur und andere Sehenswürdigkeiten

Kartensymbol: Verweist auf das entsprechende Planquadrat der Karte bzw. der Detailpläne im Buch.

Willkommen in Prag

Prag hat so viele Attribute wie kaum eine andere Stadt in Europa: Es gilt mit seinen fast tausend Jahren als »Mutter der Städte« und steht mit seiner enormen Anzahl gut erhaltener historischer Bauten als größtes Freilichtmuseum der Welt unter dem Schutz der UNESCO. Die romantische Märchenstadt vermochte ihren Charme mit kleinen Gassen, verwunschenen Gärten und alten Palästen bis heute zu bewahren.

Die »Hunderttürmige Stadt« oder die »Stadt der goldenen Kuppeln« bietet dem Architekturliebhaber eine Mischung aus romanischen Bauten, gotischen Kirchen, prächtigen Renaissancepalästen, überladenen Barockbauwerken sowie herrlich verziertem Jugendstil. Liebhaber der Moderne kommen in Prag angesichts der Epochen Kubismus, Art déco und Funktionalismus ebenso auf ihre Kosten. Wegen seines überschaubaren Zentrums gilt Prag als größte Kleinstadt der Welt, dabei leben 1,2 Millionen Einwohner auf einer Fläche von 500 Quadratkilometern.

Vor allem ist Prag eine der wichtigsten europäischen Kulturstädte. Hier wirkten die Komponisten Wolfgang Amadeus Mozart, Antonín Dvořák und Bedřich Smetana, der Jugendstilmaler

Alfons Mucha oder die Astronomen Johannes Kepler und Tycho Brahe. Berühmt ist die Stadt auch für ihre Schriftsteller wie den omnipräsenten Franz Kafka, seinen Freund Max Brod, den Dichter Franz Werfel und den »rasenden Reporter« Egon Erwin Kisch – aus deren Namen sich der berühmte Satz »Es brodelt, werfelt, kafkat und kischt« zusammensetzt. Unvergessen sind die »Abenteuer des braven Soldaten Schwejk« von Jaroslav Hašek oder »Die Großmutter« von Božena Němcová. Das Angebot an erstklassigen Theatervorführungen, Konzerten und Kunstgalerien sucht seinesgleichen.

Längst hat Prag seine Rolle in der Mitte des vereinten Europas wiedergefunden, nicht nur durch die Beitritte zu NATO, EU und dem Schengener Abkommen. Viele internationale Firmen und Branchen wie das Filmbusiness haben sich in der Goldenen Stadt nachhaltig etabliert. Entsprechend pulsiert die Gastronomie, die neben der deftigen böhmischen Küche moderne Trends aufnimmt und kreativ umsetzt.

Beim Schlendern durch die Stadt offenbart sich auch das verträumte, malerische Prag, dessen versteckte Schönheiten schon seit Jahrhunderten die Besucher begeistern. Und Sie werden Kafka zustimmen, dass Prag Krallen hat – man kommt bestimmt gerne wieder hierher!

Blick auf Prag und die vielen Brücken über die Moldau

Top 10: Das müssen Sie gesehen haben

1 Wenzelsplatz
S. 9 f., 36 ➡ E/F 6/7

Der Boulevard in der Neustadt offenbart zwei Gesichter: tagsüber überwiegend geschäftig, abends eher erotisch.

2 Gemeindehaus
S. 11, 44, 58, 65 ➡ D/E7

Ein Musterbeispiel des Prager Jugendstils ist das Repräsentationshaus der Gemeinde Prag mit sehenswertem Kaffeehaus.

3 Altstädter Ring
S. 12 f., 34 ➡ D/E6

Der vermutlich schönste Platz des Landes ist das Herz der Altstadt. Hier ziehen die Apostel an der Astronomischen Uhr am Altstädter Rathaus stündlich ihre Runden.

4 Karlsbrücke
S. 13, 44 f. ➡ E4/5

Die frisch restaurierte steinerne Brücke mit ihren Statuen ist eines der Wahrzeichen von Prag und überquert die Moldau, die Halbinsel Kampa und den Teufelsbach.

5 Kleinseitner Ring
S. 15 f., 35 f. ➡ D4

Der Hauptplatz des romantischen Viertels Kleinseite mit der prächtigen Barockkirche St. Nikolaus verbindet als Teil des Krönungswegs die Karlsbrücke mit der Prager Burg.

6 Prager Burg
S. 16 ff., 29 ff. ➡ D3/4

Die größte bewohnte Burganlage der Welt lenkte die Geschicke des Landes über 1000 Jahre. Weithin sichtbar ist die St.-Veits-Kathedrale, berühmt das Goldene Gässchen.

7 Strahov-Kloster
S. 16 f., 38 f. ➡ E2

Das größte Kloster Tschechiens ist vor allem durch die sehenswerte Bibliothek mit dem Philosophischen und dem Theologischen Saal bekannt.

8 Josefov
S. 20 f., 31 ff. ➡ D5/6

Im jüdischen Viertel erinnern der Alte Jüdische Friedhof und eine

Reihe von Synagogen an die Bedeutung der jüdischen Gemeinde in Prag.

9 Vyšehrad
S. 23, 49 ➡ J/K6
Die zweite Burg in Prag ist weniger bekannt, doch angesichts des Ehrenfriedhofs und der 1000 Jahre alten Bauten sehr interessant.

10 Palastgärten
S. 42 ➡ D4
Die Gärten zwischen Prager Burg und der Kleinseite offenbaren

eine unerwartete Ruhezone mit Blick auf die roten Dächer der Kleinseite.

Mein Prag
Lieblingsplätze des Autors

Liebe Leserinnen und Leser,

dies sind einige besondere Orte dieser Stadt, an die ich immer wieder gern zurückkehre. Eine schöne Zeit in Prag wünscht Ihnen

Gunnar Habitz

Grand Café Orient
S. 12, 25, 59 ➡ E7
Prag hat eine Vielzahl prächtiger Kaffeehäuser. Mein Favorit ist das einzige kubistisch gestaltete Café der Welt, das nach 80 Jahren so authentisch aussieht wie anno dazumal.

Wallenstein-Garten
S. 15, 42, 47 ➡ D4
Ein wahres Paradies ist dieser Garten oberhalb der Metrostation Malostranská mit seinen Pfauen und der künstlichen Grotte.

Rudolfinum
S. 22, 48, 65 ➡ D5
Dieser Neorenaissance-Palast an der Moldau ist ein musikalisches Juwel mit bedeutenden Konzerten sowie einem versteckten Kaffeehaus, mein Favorit an der Moldau.

Kubista
S. 25, 69 ➡ E7
Das Geschäft unterhalb vom Grand Café Orient verkauft Möbel und Accessoires aus den Epochen Kubismus und Art déco.

Museum der Hauptstadt Prag
S. 26 ➡ D8
Das Spannende an diesem Museum ist das sogenannte Langweil-Modell mit dem Stadtbild Prags von 1937, gebastelt aus Papier und Pappe. Das Modell wird inzwischen auch durch einen 3-D-Film visualisiert.

Prager Neustadt und Altstadt

Vormittag: Neustadt
Wenzelsplatz (Václavské náměstí) – Franziskanergarten (Františkánská zahrada) – Am Graben (Na Příkopě) – Platz der Republik (Náměstí Republiky).

Mittag
Café Imperial
Na Poříčí 15, Nové Město
✆ 246 011 440
www.cafeimperial.cz

Das im alten Glanz wiedereröffnete Kaffeehaus im Hotel Imperial besticht durch seine hohen Decken sowie Wände und Säulen aus kunstvollen Kacheln und Fliesen. Leckeres Mittagsangebot. €€

Nachmittag: Altstadt
Gemeindehaus (Obecní dům) – Pulverturm (Prašná brána) – Zeltnergasse (Celetná) – Kohlenmarkt (Uhelný trh) – Altstädter Ring (Staroměstské náměstí) – Pariser Straße (Pařížská) – Marienplatz (Mariánské náměstí) – Karlsbrücke (Karlův most).

Neustadt

Wir beginnen unseren Rundgang morgens am ① **Wenzelsplatz** (Václavské náměstí) ➡ F7 bei der Metrostation Muzeum. Die wohl älteste Neustadt der Welt legte einst Kaiser Karl IV. im 14. Jahrhundert an, als die übrigen drei historischen Stadtteile Altstadt, Burgviertel und Kleinseite für den Wohnbedarf der aufstrebenden böhmischen Hauptstadt nicht mehr ausreichten. So verwundert es kaum, dass die Straßen der Neustadt wesentlich größer geplant wurden als der Rest des damaligen Prags. Die Neustadt verfügt über drei zentrale Plätze, die bei ihrer Gründung nach konkreten Aufgaben benannt wurden: Der Wenzelsplatz hieß damals Rossmarkt, der Karlsplatz (Karlovo náměstí) war seinerzeit der Viehmarkt und der Senovážné náměstí heißt heute noch Heuwaageplatz.

Östlich der Neustadt verlief bis ins späte 18. Jahrhundert eine Stadtmauer zur Abgrenzung der historischen Stadt. Heute thront am oberen Ende des Wenzelsplatzes das **Nationalmuseum** (Národní muzeum) ➡ F7 aus dem Jahr 1890, dessen Neorenaissance-Fassade der Ostfassade des Louvre nachempfunden wurde. Vom Eingang des Museums schaut man über den Wenzelsplatz und kann sich die Menschenmengen vorstellen, die sich hier während der Samtenen Revolution im November 1989 versammelt hatten. Das Hauptgebäude wurde bis Oktober 2018 aufwendig

Jugendstil am Wenzelsplatz: das renommierte Grand Hotel Europa

restauriert. Ein großer Teil der Sammlungen ist im daneben gelegenen Neuen Gebäude zu sehen, dem einstigen Parlament der ČSFR.

Am **Wenzelsdenkmal** ➡ F7, der Statue des böhmischen Landespatrons Fürst Wenzel I. auf seinem Pferd, umgeben von vier böhmischen Landesheiligen, verabreden sich die Prager. Und weil es sehr viele gleichzeitig sind, wird noch »am Kopf« bzw. »am Schwanz« hinzugefügt. Das eingravierte Datum 28. Oktober 1918 bezieht sich auf die Gründung der Tschechoslowakei. Ein paar Schritte weiter markiert eine Gedenkstelle, dass sich der Student Jan Palach 1969 aus Protest gegen die Niederschlagung des Prager Frühlings verbrannte.

Den boulevardartigen Wenzelsplatz umgeben heute große Geschäfte, einige Luxushotels sowie eine Vielzahl von Restaurants und Imbissbuden. Das meistfotografierte Gebäude ist mit Sicherheit das 1905 erbaute **Grand Hotel Evropa** ➡ F7 mit seiner prachtvollen Jugendstilfassade und dem üppigen Art-Nouveau-Café auf der rechten Straßenseite (derzeit im Umbau).

Eine Besonderheit erlaubt das Bummeln sogar bei Regen: Fast jeder zweite Häuserblock verfügt über eine Passage mit weiteren Geschäften und einem Durchgang zur nächsten überdachten Arkade. Sehenswert ist vor allem die im Stil der Moderne errichtete **Lucerna-Passage** ➡ F7 mit herrlichem Kino, riesigem Konzertsaal und einem altertümlichem Café in der ersten Etage. Auffallend ist eine Kopie des Wenzelsdenkmals, das allerdings auf dem Kopf steht. Den Palast errichtete der Großvater des ehemaligen Präsidenten Václav Havel im Jahr 1920.

Über den Ausgang in die Vodičkova-Straße gelangt man schräg gegenüber in die **Světozor-Passage**, die in eine unerwartete Oase führt, den **Franziskanergarten** (Františkánská zahrada) ➡ F6. Er gehört zum gleichnamigen, noch heute von Mönchen bewohnten Kloster. Die dahinterliegende Maria-Schnee-Kirche sollte nach Plänen Karls IV. das größte Gotteshaus der Stadt werden. Aufgrund der Hussitenkriege wurden diese Pläne verworfen. Der Franziskanergarten mündet in den kleinen **Jungmannplatz** (Jungmannovo náměstí) ➡ E/F6, praktisch hinter dem unteren Teil des Wenzelsplatzes gelegen. Josef Jungmann verfasste im Zeitalter der nationalen Wiedergeburt Mitte des 19. Jahrhunderts als erster ein Tschechisch-Deutsches Wörterbuch – bis dahin wurde Tschechisch nur noch in Dienstbotenkreisen gesprochen.

Der Platz erlaubt einen Blick in die Nationalstraße (Národní), die bis heute die Neustadt von der Altstadt trennt. Vorne links fällt das **Palais Adria** ➡ F6 auf, ein Multifunktionsgebäude im Stil des Rondokubismus von 1925, das an venezianische Paläste erinnern soll. Am hinteren Ende der Nationalstraße schimmert die goldene Kuppel des **Nationaltheaters** (Národní divadlo) ➡ F5 durch. Es entstand 1881 als erste Bühne für tschechische Aufführungen und wurde aus Spendengeldern finanziert, brannte jedoch nach der ersten Aufführung teilweise nieder und wurde 1883 feierlich wiedereröffnet.

Unser Weg führt jedoch vom Jungmannplatz über die Straße des 28. Oktober (28. října) zum unteren Teil des Wenzelsplatzes, der häufig als **Goldenes Kreuz** ➡ E6 bezeichnet wird, denn der gesamte Wenzelsplatz mit der Verlängerung in die Straße Na Můstku bildet mit den beiden Querstraßen ein lateinisches Kreuz. In Richtung Osten promeniert man entlang der Straße **Am Graben** (Na Příkopě) ➡ E7, wo früher tatsächlich ein Graben die Altstadt von der Neustadt trennte. Diese Straße war einst der Korso der deutschen Bevölkerung, während die Tschechen auf der Nationalstraße flanierten.

Eine goldene Kuppel über der Moldau: das Prager Nationaltheater

Die Grabenstraße mündet in den lang gestreckten **Platz der Republik** (Náměstí Republiky) ➡ D/E7, der vom ❷ **Gemeindehaus** (Obecní dům), einem Musterbeispiel des Prager Jugendstils von 1911, dominiert wird. Ein Muss ist der Besuch des Kaffeehauses im linken Flügel mit herrlichem Interieur und leckeren Torten. Hier beginnt jährlich am 12. Mai das Musikfestival »Prager Frühling« mit Smetanas Liederzyklus »Mein Vaterland«, dessen zweiter Teil »Die Moldau« weltberühmt ist. Der Name des Platzes erinnert an die Ausrufung der ersten Tschechoslowakischen Republik in diesem Gebäude im Oktober 1918.

An das Gemeindehaus schließt sich der **Pulverturm** (Prašná brána) ➡ E7 an, den wir am Nachmittag genauer betrachten und besteigen. Gegenüber zeigt das Theater **U Hyberna** im einstigen Kloster der Hyberner überwiegend Musicals. Links daneben befindet sich in einer umgebauten Kaserne das **Palladium** ➡ D7, das größte Shoppingparadies im Zentrum. Rechts vor dem Palladium führt die Straße Na Poříčí in die weniger touristisch frequentierten Teile der Neustadt. Der Weg lohnt sich für die Mittagspause im Café vom **Hotel Imperial** mit seinen hohen Decken und den herrlichen Art-déco-Fliesen.

Altstadt

Der zweite Teil der Stadttour beginnt, wo der erste geendet hat, am **Platz der Republik** ➡ D/E7. Das Gemeindehaus dort steht an der Stelle des einstigen Königshofs an der Grenze zwischen Alt- und Neustadt. Der Weg von hier über Altstädter Ring, Karlsgasse und Karlsbrücke zur Prager Burg wird Krönungsweg genannt. Der 1475 gebaute gotische **Pulverturm** (Prašná brána) ➡ E7 war Bestandteil der alten Stadtmauer. Wer mehr über die Prager Türme erfahren möchte, sollte die Ausstellung auf halber Höhe der 186 Stufen besuchen.

Durch den Pulverturm hindurch führt die **Zeltnergasse** (Celetná) ➡ E7 direkt bis zum Altstädter Ring. Das auffallendste Gebäude ist das orangefarbene **Haus zur Schwarzen Madonna**, in dem das Museum der Hauptstadt Prag eine sehenswerte Ausstellung über die Epoche des Kubismus zeigt. Der visionäre Architekt Josef Gočár wählte 1912 den geometrischen Stil des Kubismus, der zwischen Jugendstil und Art déco angesiedelt ist. Sehenswert ist das **Grand Café Orient** in der ersten Etage mit seinem kubistischen Interieur. Über den Obstmarkt (Ovocný trh) führt der Weg zum **Ständetheater** (Stavovské divadlo) ➡ E6, in dem Wolfgang Amadeus Mozart 1787 seinen »Don Giovanni« uraufführte. Heute gehört die Bühne zum Nationaltheater und gibt neben Musiktheater auch Schauspiel und Ballett.

Die Geheimnisse der Altstadt offenbaren sich nicht entlang der touristischen Trampelpfade, sondern in versteckten Gassen, deshalb verläuft der weitere Weg entlang der Rittergasse (Rytířská) am prächtigen Hauptgebäude der **Sparkasse** (Česká Spořitelna) vorbei bis zum **Kohlenmarkt** (Uhelný trh) ➡ E6, der auch gern als »Prager Montmartre« bezeichnet wird, weil die einheimischen Künstler auf dem Platz ihre Gemälde und Porträts anfertigen.

Gedenktafel für den »rasenden Reporter« Egon Erwin Kisch in der Kožná 1

Der Weg folgt der **Michaelsgasse** (Michalská) ➡ E6, beleuchtet von romantischen Gaslaternen. Nach Überqueren der Melantrichova, die den Wenzelsplatz direkt mit dem Altstädter Ring verbindet, gelangt man in die Ledergasse (Kožná). Gleich am ersten Haus auf der linken Seite verrät eine Gedenktafel, dass hier der »rasende Reporter« **Egon Erwin Kisch** (1885–1948) wohnte. Über die Eisengasse (Železná) erreicht man nach einigen Schlenkern den faszinierendsten Platz der Stadt, den ❸ **Altstädter Ring** (Staroměstské náměstí) ➡ D/E6. Um die Statue des Reformators **Jan Hus** gruppiert sich ein Ensemble aus mittelalterlichen Fassaden, der Teyn- und der St.-Nikolaus-Kirche sowie dem gotischen **Altstädter Rathaus** (Staroměstská radnice) mit dem 69 Meter hohen Rathausturm. Vor der berühmten **Astronomischen Uhr** am Turm finden sich zur vollen Stunde Hunderte Besucher ein, um den Apostelumzug zu erleben. Die **Marienstatue** wurde 2020 nach mehr als 100 Jahren wiederaufgebaut.

Vom Altstädter Ring aus gibt es mehrere Möglichkeiten für Abstecher. Wir entscheiden uns für den dahinter gelegenen **Teynhof** (Týn) ➡ D6, erreichbar durch eine Gasse links der gotischen Teynkirche. Die

fahrenden Händler mussten hier einst eine Gebühr entrichten, bevor sie ihre Waren zum Verkauf auf den Altstädter Ring bringen durften. Auf dem ruhigen Plätzchen, das auch als »Ungelt« bekannt ist, hat man Gelegenheit für eine kleine Pause.

Die vornehme Shoppingmeile **Pariser Straße** (Pařížská) ➡ E/D6 verbindet den Altstädter Ring mit der Moldau und streift dabei das jüdische Viertel. Mit ihren noblen Geschäften von Brioni und Cartier bis Hermès und Tiffani erinnert sie an einen Pariser Boulevard mit entsprechender Kaufkraft.

Nach Verlassen des Altstädter Rings, links vorbei an der weißen Nikolauskirche, zeigt sich gleich dahinter auf der rechten Seite die Büste des lange verkannten Schriftstellers **Franz Kafka** (1883–1924). Weil hier einst sein Geburtshaus stand, trägt der kleine Platz seinen Namen. Durch die Plattnergasse (Platnéřská) gelangen wir zum **Marienplatz** (Mariánské náměstí) ➡ E5 mit dem **Magistrat**, der Prager Stadtverwaltung, der die einstigen selbstständigen Rathäuser der vier historischen Stadtteile vereint. Darüber hinaus dominiert die **Städtische Bibliothek** (Městská knihovna) den Platz.

Gegenüber dem Magistrat beginnt das Areal des **Klementinum** ➡ E5, das im 13. Jahrhundert als Dominikanerkloster erbaut wurde und in dem die Jesuiten die Karl-Ferdinand-Universität einrichteten. Inzwischen dient der Komplex als Sitz der Staatsbibliothek. Sehenswert sind vor allem der Turm mit der Wetterwarte sowie die Spiegelkapelle, in der täglich Konzerte stattfinden.

Einer der Ausgänge führt auf die **Karlsgasse** (Karlova) ➡ E5, die den Altstädter Ring mit der Karlsbrücke verbindet und meist hoffnungslos überfüllt ist, was Taschendieben das Handwerk erleichtert. Die Gasse mündet in den **Kreuzherrenplatz** (Křižovnické náměstí) mit der Statue Kaiser Karls IV. vor der Kirche des heiligen Franziskus. Dort beginnt die 515 Meter lange und zehn Meter breite ④ **Karlsbrücke** (Karlův most) ➡ E4/5, deren Bau 1357 anstelle der eingestürzten Judithbrücke durch Peter Parler begonnen wurde. Sie ruht auf 16 Pfeilern, von denen zwei bei einer Flut im Jahre 1890 eingestürzt waren. Gleich auf dem ersten Pfeiler thront der gotische **Altstädter Brückenturm** (Staroměstská mostecká věž). Erst im 18. Jahrhundert wurden die Statuen entlang der Brücke auf die Pfeiler gesetzt. Was man sich bei der bronzenen Nepomukstatue in der Mitte der Brücke wünscht, soll in Erfüllung gehen.

Der Altstädter Ring mit Rathaus, Jan-Hus-Denkmal und Marienstatue

Besonders schön im warmen Abendlicht: Blick über die Karlsbrücke auf die Kleinseite

Prager Kleinseite und Burgviertel

Vormittag: Kleinseite
Malostranská – Waldstein-Garten (Valdštejnská zahrada) – Kleinseitner Ring (Malostranské náměstí) – Brückengasse (Mostecká) – Kampa – Malteserplatz (Maltézské náměstí) – Laurenziberg (Petřín).

Mittag: Café de Paris
Maltézské náměstí 4, Malá Strana
✆ 603 160 718, www.cafedeparis.cz
Das Entrecôte mit Kräuterbuttersoße schmeckt mindestens so gut wie im Genfer Originalrestaurant. Anders als dort gibt es hier auch weitere Speisen. €€

Nachmittag: Burgviertel
Ab Haltestelle Hellichova mit der Straßenbahn 22 zum Platz Brandstätte (Pohořelec) – Loreto – Neue Welt (Nový Svět) – Hradschiner Platz (Hradčanské náměstí) – Prager Burg (Pražský hrad) – Malostranská.

Kleinseite

Die heutige Stadttour widmet sich ausschließlich der linken Moldauseite mit den historischen Stadtteilen Kleinseite und Hradčany, dem Burgviertel. Die Kleinseite entstand 1257, als sich deutsche Handwerker unterhalb der Prager Burg ansiedelten und ein kleines Quartier gründeten. Nach dem großen Brand von 1541 änderten sich Charakter und Aussehen der Kleinseite, weil der Adel seine Paläste nunmehr direkt unter der Burg errichtete.

Vom Ausgangspunkt, der Metrostation **Malostranská** ➡ D4, geht es durch die Valdštejnská zum Valdštejnské náměstí mit dem Haupteingang des monumentalen **Palais Waldstein** (Valdštejnský palác), das General Albrecht von Waldstein im 16. Jahrhundert errichten ließ und in dem heute der tschechische Senat residiert. Besucher werden nur am Wochenende eingelassen. Vom Innenhof des Palasts gelangt man in den zugehörigen **Wallenstein-Garten** (Valdštejnská zahrada) mit Grotte, Teich und einer Statuenallee. Auf dem erholsamen Areal zeigen sich gelegentlich ein paar Pfauen. Wir verlassen den Garten über den Ausgang in die Straße Letenská, die am Luxushotel »The Augustine« vorbei direkt in den Kleinseitner Ring mündet.

Der 5 **Kleinseitner Ring** (Malostranské náměstí) ➡ D4 verbindet Brückengasse (Mostecká) und Nerudagasse (Nerudova) als Teil des Krönungswegs von der Karlsbrücke zur Prager Burg. Das auffallendste Bauwerk ist zweifelsohne der hochbarocke **St.-Nikolaus-Dom** (Chrám sv. Mikuláše na Malé Straně) ➡ D/E4, erbaut von Vater und Sohn Dientzenhofer. Sehenswert ist das 1500 Quadratmeter große Deckenfresko mit den Stationen des heiligen Nikolaus, des Beschützers der Kaufleute und Seefahrer. Der freistehende Kirchturm belohnt den Aufstieg mit einer tollen Aussicht auf Kleinseite und Prager Burg. Drei weitere Bauten am Kleinseitner Ring fallen auf: das einstige **Kleinseitner Kaffeehaus** vor dem St.-Nikolaus-Dom, in dem Rilke seine »Larenopfer« schrieb und in dem heute eine US-amerikanische Kette *coffee to go* verkauft, das einstige **Rathaus** der Kleinseite mit der kupferfarbenen Kuppel und an der oberen Platzseite das **Palais Liechtenstein** (Lichtenštejnský palác) ➡ D4 mit auffallender klassizistischer Fassade, in dem heute die Akademie der musischen Künste ihren Sitz hat. Auf der Brückengasse (Mostecká) schlendert man durch die **Kleinseitner Brückentürme** – der niedrigere

Standbild Karls IV. neben der Karlsbrücke

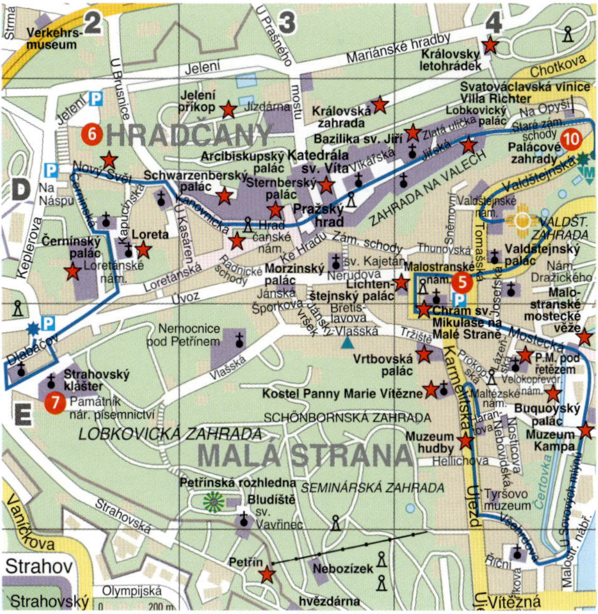

Hauszeichen »Zu den drei kleinen Geigen« auf der Prager Kleinseite

gehörte einst zur Judithbrücke, der Vorläuferin der Karlsbrücke. Nach der Überquerung des **Teufelsbaches** (Čertovka) geht es rechts hinunter auf die **Kampa-Halbinsel** ➡ E4, ein verträumtes Plätzchen mit kleinen Restaurants und einem Park mit weiter Aussicht auf Altstadt und Karlsbrücke. Von den einst vorhandenen Mühlen ist nur noch ein Mühlrad vorhanden. Die Prager genießen die Sonnenstrahlen auf diesem romantischen Flecken. Am Ende des Parks führen die Straßen Říční und Všehrdova zur Hauptstraße Újezd.

Mit der Seilbahn kann man von hier aus auf den **Laurenziberg** (Petřín) ➡ E/F3 schweben, den »Berg der Prager Verliebten«, mit einem 60 Meter hohen Aussichtsturm, der 1891, zwei Jahre nach dem Pariser Eiffelturm errichtet wurde. Wer will, kann auch zu Fuß die 299 Stufen erklimmen, um den Blick über das Prager Dächermeer zu genießen.

Auf der Hauptstraße, die im weiteren Verlauf Richtung Kleinseitner Ring und später Karmelitergasse (Karmelitská) heißt, gelangt man zur Kirche **St. Maria de Victoria** (Kostel Panny Marie Vítězné) ➡ E4. Auf der rechten Seite im Kirchenschiff steht die 47 Zentimeter große Wachsstatue **»Prager Jesulein«**, die Polyxena von Lobkowitz dem Orden der Karmeliterinnen stiftete und die noch heute eine Vielzahl wertvoller Kleider geschenkt bekommt.

Gegenüber liegt das **Tschechische Museum der Musik** (České muzeum hudby) ➡ E4 in der einstigen Maria-Magdalena-Kirche. Das zum Nationalmuseum gehörende Haus thematisiert die Geschichte der Musik, sehenswert ist besonders die Eingangshalle.

Der Vormittagsrundgang endet am **Malteserplatz** (Maltézské náměstí) ➡ E4, einige Schritte hinter dem Musikmuseum, wo sich der Malteserorden im 12. Jahrhundert niedergelassen hatte, um den Zugang zur Judithbrücke zu sichern. Auf der Südseite steht der Nostitz-Palast, in dem das Kulturministerium residiert. Im **Café de Paris** genau gegenüber kann man eine Mittagspause einlegen.

Kuppel des barocken St.-Nikolaus-Doms: Wahrzeichen der Kleinseite

Burgviertel

Der Rundgang durch das Viertel der 6 **Prager Burg** (Pražský hrad) ➡ D2–4 ist erst am Nachmittag sinnvoll, weil vormittags die Touristenscharen, die per Reisebus unterwegs sind, durch die Anlage strömen. Kurz etwas zur Begriffsklärung: Die deutsche Literatur bezeichnet mit dem Hradschin nur die Burg, dabei steht Hradčany eigentlich für das gesamte Burgviertel. Wir beginnen diese Stadttour am Platz **Pohořelec** ➡ E2, auf Deutsch »Brandstätte«. Oberhalb dieses Platzes thront das 7 **Strahov-Kloster** (Strahovský klášter) ➡ E2, das bedeutendste seiner Art in Tschechien. Die wertvolle Bibliothek bewahrt im Theologischen und Philosophischen Saal mehr als 200 000 Bände auf und war bereits in mehreren internationalen Filmen wie dem James-Bond-Streifen »Casino Royale« zu sehen. Am Ende des Klosterareals liegt eine Aussichtsterrasse mit tollem Blick auf Kleinseite und Laurenziberg.

In der Kirche Santa Maria de Victoria: »Allerliebst im feierlich steifen Mantel-Verschlag, thront und waltet das Jesuskindlein von Prag ...« (Paul Claudel)

Durch einen kleinen Durchgang geht es zurück auf den Platz zum Wallfahrtsort **Loreto** (Loreta) ➡ D2, der im 17. Jahrhundert während der Gegenreformation gegründet wurde. In der Mitte steht die Nachbildung der Casa Santa aus dem italienischen Loreto. In der ersten Etage des Westflügels kann die zwölf Kilogramm schwere Monstranz »Prager Sonne« mit 6222 Diamanten bestaunt werden. Gegenüber steht das 150 Meter breite **Palais Czernin** (Černínský palác) ➡ D2, das seit 1934 als Außenministerium fungiert. Es erreichte traurige Berühmtheit durch den Dritten Prager Fenstersturz, als im Februar 1948 der einzige nicht kommunistische Minister Jan Masaryk unter ungeklärten Umständen aus dem Fenster stürzte.

Hinter den beiden Sehenswürdigkeiten und nach der Černínská beginnt die Gasse **Neue Welt** (Nový Svět) ➡ D2, die nach der Samtenen Revolution viele Künstler anzog, die an den offenen Fenstern malten. Diese sind nur noch selten anzutreffen, dafür herrscht aber eine unglaubliche Ruhe kurz vor der so stark frequentierten Prager Burg.

Von der Hinterseite her überqueren wir den **Hradschiner Platz** (Hradčanské náměstí) ➡ cC1. Auf diesem lang gezogenen Platz breitete sich der Adel mit seinen Palästen aus. Markant sind vor allem das **Erzbischöfliche Palais** (Arcibiskupský palác) ➡ cB1 sowie die beiden zur Nationalgalerie gehörenden Paläste von Sternberg und Schwarzenberg. Vor der Burg steht die Statue von Tomáš Garrigue Masaryk, dem Staatsgründer der Tschechoslowakei.

Die tausend Jahre alte **Prager Burg** (Pražský hrad) ➡ cA–cC1–5 diente als Sitz der Könige und Kaiser und ist seit 1918 Amtsstube der Staatspräsidenten. Die größte Burganlage Mitteleuropas wurde mehrfach erweitert und umgebaut. Kaiserin Maria Theresia leitete eine große Umgestaltung ein, die den kompletten vorderen Teil im Wiener Rokokostil erscheinen lässt, die letzten Veränderungen fanden zu Beginn des 20. Jahrhunderts statt. Das Areal ist eigentlich gar nicht als Burg auszumachen, denn es hat weder Befestigungen noch einen Graben.

Der Haupteingang der Anlage befindet sich im ersten Burghof, wo auch täglich um 12 Uhr die große Wachablösung stattfindet. Vom ersten in den zweiten Burghof gelangt man durch das barocke **Matthiastor** (Matyášova brána) ➡ cB1. Der rechte Teil des zweiten Burghofs gehört dem Büro des Präsidenten; wenn er sich im Land befindet (nicht auf der Burg!), wird eine Fahne auf dem Dach gehisst. Der sehenswerte Spanische Saal im zweiten Burghof ist nur zu großen Anlässen oder Konzerten zugänglich.

Im Goldenen Gässchen mit seinen pittoresken Häusern

An der Stelle der einstigen Veitsrotunde legte Karl IV. 1344 den Grundstein für den Bau der prachtvollen **St.-Veits-Kathedrale** (Katedrála sv. Víta) ➡ cB2, die mit 124 Metern Länge, 33 Metern Höhe und 60 Metern Breite das größte Kirchenschiff des Landes besitzt. Die Krönungskirche der böhmischen Könige und bedeutendste Kirche Tschechiens bauten nacheinander die berühmten Architekten Matthias von Arras und Peter Parler, der Baumeister der Karlsbrücke. Der vordere Teil mit den beiden neogotischen Türmen wurde allerdings erst 1929 vollendet. Hier fanden mit Karl IV., Ferninand I. und Rudolf II. gleich drei Kaiser ihre letzte Ruhestätte. Der wichtigste Raum ist die Wenzelskapelle in der Mitte auf der rechten Seite. Von hier kann der 96,5 Meter hohe Südturm mit seiner barocken Zwiebelspitze über 287 Stufen bestiegen werden. Etwas dahinter ruht der Brückenheilige Johannes von Nepomuk in einer silbernen Gruft.

Besonders sehenswert ist die sogenannte **»Goldene Pforte«** an einem nicht genutzten Ausgang an der südlichen Fassade: Ein Mosaik mit einer Million Elementen aus Glas, Gold und Halbedelsteinen stellt das Jüngste Gericht dar. Erst im Jahr 2000 konnte das Werk mittels Druckstrahl aus überwiegend gemahlenen Nussschalen freigelegt werden, nachdem es über Jahrhunderte hinter einer Oxidationsschicht verborgen war.

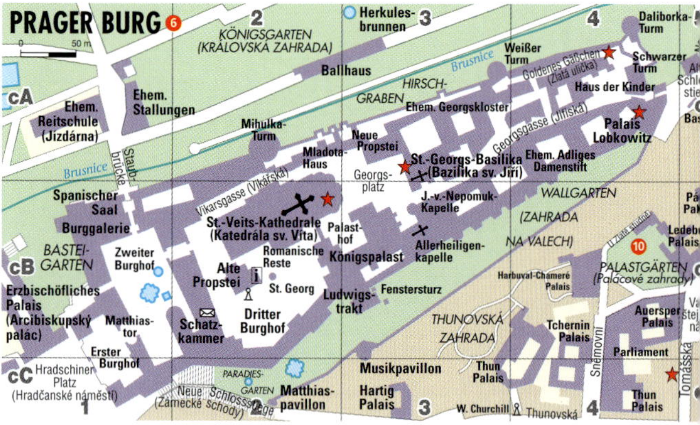

Berühmter Panoramablick: von der Karlsbrücke zum Hradschin

Der **Alte Königspalast** (Starý královský palác) ➡ cB2/3 im dritten Burghof südlich der Kathedrale wurde ursprünglich für Ritterturniere errichtet, die im gotischen Wladislaw-Saal mit beeindruckendem Rippengewölbe veranstaltet wurden. Bis ins 16. Jahrhundert wohnten die Herrscher des Landes in diesem Palast. Im Ludwigsflügel ereignete sich der »Zweite Prager Fenstersturz«, der 1618 den Dreißigjährigen Krieg auslöste. Heute finden hier die Präsidentenwahlen statt.

Die romanische **Georgsbasilika** (Klášter sv. Jiří) ➡ cA3 hinter dem Dom wurde bereits 920 unter Vratislav I., der hier auch bestattet wurde, errichtet. Die barockisierte Fassade der mehrfach umgebauten Basilika stammt allerdings aus dem 17. Jahrhundert. Das danebenliegende Kloster beherbergte mal eine Dependance der Nationalgalerie, deren Sammlungen inzwischen auf andere Gebäude verteilt wurden.

Das **Goldene Gässchen** (Zlatá ulička) ➡ cA4 mit den pittoresken Häusern in der Außenwand der Burganlage wurde zur Zeit des wissenschaftlich interessierten Kaisers Rudolf II. von Alchimisten bewohnt. Er war besessen von dem Gedanken, Gold herzustellen und den Trank des ewigen Lebens zu finden – stattdessen wurde dabei Sliwowitz, ein Zwetschgenobstbrand, entdeckt. In dem kleinen, blauen Häuschen Nummer 22 wohnte 1916/17 einst Franz Kafka, um in Ruhe schreiben zu können. Das Goldene Gässchen wurde 2011 renoviert und um eine Dauerausstellung ergänzt. Von der Abgeschiedenheit zu Kafkas Zeiten ist bei dem täglichen Besucheransturm leider keine Spur mehr.

Portal des gotischen St.-Veits-Doms auf der Prager Burg

Das Areal der Prager Burg verfügt über mehrere Bildergalerien und kleinere Museen. Besonders eindrucksvoll ist ein Besuch der Burg am Abend, wenn kaum noch Menschen unterwegs sind und die Anlage eine mystische Atmosphäre ausstrahlt.

Durch den Hinterausgang verlässt man die Prager Burg. Es gibt zwei Möglichkeiten für den Abstieg zur Metrostation **Malostranská** ➡ D4: Klassisch geht es geradeaus über die alte Schlossstiege bis nach unten. Alternativ lohnt sich der Spaziergang durch den erst 2008 wiedereröffneten **Weinberg des heiligen Wenzel** (Svatováclavská vinice, Staré zámecké schody 6) ➡ D4 mit einem gastronomischen Stopp in der **Villa Richter**. Den besten Sitzplatz bietet das »Piano nobile« mit toller Aussicht auf die Kleinseite. ■

Josefov – das jüdische Viertel

Bei den beschriebenen zwei Stadttouren wurde das jüdische Viertel 8 **Josefov** (Josephstadt) ➡ D5/6 am Rande der historischen Altstadt bewusst nicht mit eingeschlossen, weil es separat besucht werden sollte. Dabei ist zu beachten, dass die jüdischen Einrichtungen samstags wegen des Sabbats geschlossen sind.

Schon im 11. Jahrhunderts entstand in Prag eine erste Siedlung jüdischer Kaufleute. Das jüdische Ghetto war eines der größten seiner Art westlich von Jerusalem. Ende des 18. Jahrhunderts wurden die Mauern des einstigen jüdischen Ghettos abgerissen. Deshalb ließen sich wohlhabende Juden im gesamten Stadtgebiet nieder. In der Folge verwahrloste das Viertel und wurde mit Ausnahme von Friedhof, Rathaus und Synagogen abgerissen. Ende des 19. Jahrhunderts entstanden auf dem Areal Gründerzeithäuser.

Das Viertel ist voll von Geschichten und Anekdoten, die in vielen literarischen Werken festgehalten wurden. Am bekanntesten ist die Sage der Lehmfigur Golem, die der Rabbiner Löw einst schuf, um dem jüdischen Volk bei Übergriffen durch die Christen beistehen zu können. Leider ging die Kontrolle über die stumme Figur verloren, daher entzog Rabbi Löw der Kunstfigur das Leben.

Ein Rundgang durch das jüdische Viertel beginnt beim **Altstädter Ring** (Staroměstské náměstí) ➡ D/E6 und führt zunächst durch die Pariser Straße (Pařížská). Kurz vor deren Ende steht ein Besuch der **Altneu-Synagoge** (Staronová synagóga) ➡ D6, der ältesten erhaltenen Synagoge in Mitteleuropa, auf dem Programm. Das um 1270 entstandene frühgotische Gotteshaus wird bis heute von der jüdischen Gemeinde genutzt. Zunächst war die Synagoge nur Männern vorbehalten, erst seit dem 17. Jahrhundert sind Frauen auf der Galerie gestattet. Die Sage der Golemfigur ist stark mit der Altneu-Synagoge verbunden, in deren Obergeschoss noch heute die Überreste der Kunstgestalt liegen sollen.

Anschließend geht es durch die Maiselgasse (Maiselova) zum **Jüdischen Rathaus** (Židovská radnice, Maiselova 18) ➡ D6, noch heute Anlaufpunkt der Prager Juden. Die Zeiger des Ziffernblatts der Uhr laufen übrigens andersherum. Das koschere Restaurant im Rathaus serviert werktags günstige Gerichte. Mit Ausnahme der bereits besuchten Altneu-Synagoge und des Rathauses gehören alle weiteren, auf mehrere Gebäude verteilten Einrichtungen zum **Jüdischen Museum**. Zunächst kauft man in der **Maisel-Synagoge** (Maiselova synagóga, Maiselova 10) ➡ D6 ein Kombiticket für alle Einrichtungen inklusive Friedhof.

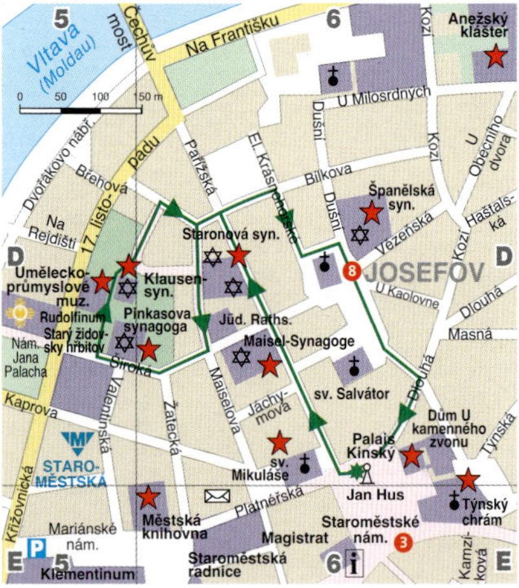

Im jüdischen Viertel: Die einstige Zeremonienhalle fungiert heute als Teil des Jüdischen Museums

Die Synagoge selbst berichtet über die Geschichte der Juden in Böhmen und Mähren, von den Ursprüngen der jüdischen Besiedlung bis zur Emanzipation.

Weiter gehen wir zur **Pinkas-Synagoge** (Pinkasova synagóga, Široká 3) ➡ D5, wo der 77 297 jüdischen Opfer des Nationalsozialismus gedacht wird. Gleich daneben liegt der **Alte Jüdische Friedhof** (Starý židovský hřbitov) ➡ D5/6 mit 12 000 erhaltenen Grabsteinen aus der Zeit der Gotik, Renaissance und des Barock. Die Toten wurden vom 15. Jahrhundert bis ins Jahr 1787 aus Platzmangel in zwölf Schichten übereinander beigesetzt. Die meistbesuchten Gräber gehören Rabbi Löw († 1609) und dem Financier Mordechaj Maisel († 1601). Auf der Rückseite des Friedhofs informiert die **Klausen-Synagoge** (Klausová synagóga, U Starého hřbitova 1) ➡ D5 über jüdische Traditionen und Gebräuche.

Den Abschluss des Streifzugs durch Josefov bildet die erst 1868 entstande **Spanische Synagoge** (Španělská synagóga, Dušní 12) ➡ D6, deren maurischer Stil mit goldverzierter Inneneinrichtung an die Alhambra im spanischen Granada erinnern soll. Hier wird die Ausstellung über die Geschichte der Juden in Böhmen und Mähren aus der Maisel-Synagoge bis in die Gegenwart fortgesetzt. Links daneben steht eine seltsame Statue von Franz Kafka, sitzend auf den Schultern seines Vaters Hermann. Nach ein paar Schritten erreicht man den Altstädter Ring, den Ausgangspunkt des Rundgangs.

Im maurisch-spanischen Stil: die Spanische Synagoge im Viertel Josefov

Prager Brückenansichten

Die Moldau – Lebensader der Goldenen Stadt

Wer kennt nicht das klassische Musikstück »Die Moldau« von Bedřich Smetana? Besser kann man den langsam dahinfließenden Strom von seiner Quelle bis hin zur Burg Vyšehrad musikalisch kaum ausdrücken. Der damals schon taube Smetana komponierte die Moldau als zweiten von sechs Teilen seiner sinfonischen Dichtung »Mein Vaterland«, entstanden in den Jahren 1874–79. Übrigens: Sein Name heißt auf Deutsch, wörtlich übersetzt, Friedrich Sahne.

Die Moldau schlängelt sich etwa 30 Kilometer durch die Hauptstadt, überwindet dabei elf Meter Höhenunterschied, umfließt acht Inseln und wird von 17 Brücken überquert. Heute ist sie längst kein wilder Fluss mehr, wie es dank der musikalischen Referenz zu vermuten wäre. Einige Stauschwellen und Stauseen vor der Hauptstadt sorgen für einen gleichmäßigen Flusslauf, der nur bei dem Jahrhunderthochwasser 2002 über die Ufer trat. Die damals überfluteten Viertel Kleinseite und Altstadt wurden inzwischen befestigt.

Das Moldauufer wurde in den letzten Jahren ansehnlich hergerichtet, um ein erholsames Leben am Fluss ermöglichen zu können. Auf der **Slawischen Insel** (Slovanský ostrov) ➡ F/G5 kann man beispielsweise Ruder- und Tretboote ausleihen, auf der **Schützeninsel** (Střelecký ostrov) ➡ E/F5, der größten innerhalb des Stadtgebiets, wird Sommerkino geboten. Die **Kampa-Halbinsel** ➡ E4 lädt zum Bummeln ein. Am schönen Ufer vor dem **Rudolfinum** am Alšovo nábřeží ➡ D5 lässt sich wunderbar entspannen.

Während einer Bootsfahrt auf der Moldau gewinnt man eine ganz andere Perspektive von der Stadt. Die meisten Schiffe legen zu ein- oder zweistündigen Rundfahrten mit und ohne Essen an der **Čechův most** ➡ C5/D6 ab. Angeboten werden auch Ausflüge zur Burg **Vyšehrad** ➡ J6 oder bis zum **Slapy-Stausee** ➡ bD6. Wer kleine Nussschalen den großen Moldaudampfern vorzieht, kann in das »Prager Venedig« genannte Gebiet um die Karlsbrücke und den **Teufelsbach** (Čertovka) ➡ E4 schippern.

Baumgarten – die große grüne Lunge

Die wohl prächtigste Parkanlage der Stadt liegt etwas nördlich des Zentrums in Prag 7. Der im Stil eines englischen Parks gestaltete **Baumgarten** (Stromovka) ➡ A5/6 umfasst gut 104 Hektar und ist damit der größte Park in Citynähe. Neben einem Lustschloss und dem Prager Planetarium gibt es hier einige Sehenswürdigkeiten. Die südöstliche Seite nimmt das **Ausstellungsgelände** (Výstaviště) ➡ A7 ein, das anlässlich der Jahrhundertausstellung von 1891 angelegt wurde und noch heute für Messen genutzt wird. Im **Lapidarium** ➡ A7 vor dem Industriepalast können die Originalstatuen der Karlsbrücke bewundert werden. Leider sprudelt die eindrucksvoll illuminierte **Křižík-Fontäne** mit ihren aufwendigen Choreografien nach 20 Jahren nicht mehr. Ebenfalls auf dem Gelände zieht mehrmals jährlich ein Rummelplatz mit Riesenrad besonders Kinder an. In der **Eishockeyhalle** von Sparta Prag, neben dem Ausstellungsgelände, geht es häufig hart zur Sache.

Nördlich des Baumgartens schließt sich jenseits der Moldau das **Schloss Troja** (Trojský zámek) ➡ bC6 mit dem einzigen französischen Garten Prags an. Das Barockschloss errichtete die Adelsfamilie Šternberk im 17. Jahrhundert als Jagdschloss. Heute dient es überwiegend als Gemäldegalerie. Sehenswert sind der eindrucksvolle Hauptsaal mit seinem Deckenfresko, die Außentreppe und die Pferdeställe. Gegenüber liegt der **Prager Zoo** ➡ nördl. A7. Mit 4700 Tieren auf einer Fläche von 58 Hektar gehört er zu den größeren Zoos in Europa.

Vyšehrad – Prags zweite Burg

Der Legende nach begann die weltweite Bekanntheit der Stadt Prag auf einem südlich der Neustadt gelegenen Felsen, auf dem heute die Burg ⑨ **Vyšehrad** ➡ J6 steht. Fürstin Libuše soll von hier aus die Gründung einer Burg vorausgesagt haben, deren Ruhm bis zu den Sternen reichen sollte. Die Přemysliden-Herrscherin zeigte dabei auf das Gebiet der heutigen Prager Burg auf dem Hradschin-Hügel. Wo sie einst ihre Weissagung kundtat, wurde später im 11. Jahrhundert ein Kastell errichtet, dessen Name Vyšehrad übersetzt »Hohe Burg« bedeutet.

Gleich am Eingang des Areals steht mit der **Martinsrotunde** (Rotunda sv. Martina) ein Zeitzeuge der romanischen Epoche. Weithin sichtbar ist die **Kapitelkirche Peter und Paul** (Svatý Petr a Pavel), die im Stil der Neogotik im 19. Jahrhundert umgestaltet wurde. Gegenüber liegen mehr als 600 Persönlichkeiten auf dem **Ehrenfriedhof** begraben, darunter die Schriftsteller Božena Němcová und Jan Neruda sowie die Komponisten Antonín Dvořák und Bedřich Smetana. Gegen eine kleine Gebühr können auch die **Kasematten** (Kasematy pevnosti) besichtigt werden. Viele Einheimische nutzen den Vyšehrad für Spaziergänge, wenn die Prager Burg fest in touristischer Hand ist. ■

Eingangsportal zur Kapitelkirche Peter und Paul

Museen, Plätze, Kirchen, Parks, Architektur und andere Sehenswürdigkeiten

Die meisten der folgenden Vista Points befinden sich in den **Stadtbezirken Praha 1 und Praha 2**, ansonsten sind die Bezirke im Text entsprechend gekennzeichnet. Geläufiger sind jedoch die Namen der historischen Stadtviertel: Staré Město (Altstadt), Hradčany (Burgviertel), Malá Strana (Kleinseite), Nové Město (Neustadt) und das jüdische Viertel Josefov (Josephstadt).

Studenten, Kinder ab 6 Jahre und Rentner zahlen meistens ermäßigte **Eintrittspreise**. Viele Museen bieten auch Familien- und Gruppenermäßigungen an. Vergünstigungen oder freien Eintritt gibt es mit dem **Prague CoolPass** (www.praguecoolpass.com).

Hauszeichen »Zu den zwei Sonnen« auf der Prager Kleinseite

Museen und Ausstellungen

Agnes-Kloster/Anežský klášter
➡ D6
U Milosrdných 17, Staré Město
Metro B: Náměstí Republiky
✆ 224 810 628
www.ngprague.cz
Der wichtigste frühgotische Bau der Stadt aus dem frühen 13. Jh. diente als Kloster der hl. Agnes. Hier zeigt die Nationalgalerie die mittelalterliche Kunst in Böhmen und Mitteleuropa von 1200 bis 1550, darunter deutsche und österreichische Werke.

Dvořák-Museum/ Muzeum Antonína Dvořáka ➡ G7
Ke Karlovu 20, Nové Město
Metro C: I. P. Pavlova
✆ 224 923 363
www.nm.cz
Das kleine Lustschloss »Villa Amerika« in der südlichen Neustadt erbaute Barockarchitekt Kilian Ignaz Dientzenhofer einst für den Grafen Michna. Heute führt es anhand von Originalpartituren sowie anderen Dokumenten und Exponaten durch Leben und Werk

Büsten tschechischer Kulturgrößen schmücken die Säulenhalle im Hauptgebäude des Nationalmuseums

des großen Komponisten Antonín Dvořák (1841–1904).

Franz-Kafka-Museum ➡ D5
Cihelná 2b, Malá Strana
Metro A: Malostranská
✆ 257 535 507
www.kafkamuseum.cz
Leben und Werk des Literaten Franz Kafka (1883–1924) stehen im Mittelpunkt mit Erstausgaben seiner Bücher, Fotos und audiovisuellen Dokumentationen. Zuvor in Barcelona und New York gezeigt, fand die Ausstellung 2005 den Weg in die Heimatstadt des Schriftstellers.

Franz Kafka

Haus zur Schwarzen Madonna/ Dům U Černé Matky Boží ➡ E7
Ovocný trh 19, Staré Město
Metro B: Náměstí Republiky
www.czkubismus.cz
Das Eckhaus erbaute Josef Gočár 1912 im Stil des Kubismus, einer aus der französischen Malerei importierten Stilrichtung. In Prag widmeten sich einige Architekten diesem recht kantigen, geometrischen Stil, der auch im Interieur seine Umsetzung fand. Das Kunstgewerbemuseum zeigt in den oberen Etagen eine Dauerausstellung über den Kubismus in Prag, vor allem anhand von Möbelstücken.

Sehenswert ist das **Grand Café Orient** in der ersten Etage, das nach einer Pause von ca. 80 Jahren originalgetreu wiedereröffnet wurde.

Im Erdgeschoss verkauft das Geschäft **Kubista** thematisch passende Bücher und Kleinmöbel.

Haus zur Steinernen Glocke/ Dům u kamenného zvonu ➡ D6
Staroměstské náměstí 13
Staré Město
Metro A/B: Můstek
✆ 224 828 245
www.ghmp.cz
Das gotische Haus mit der steinernen Glocke an der rechten Ecke ist eines der ältesten am Altstädter Ring und wird für Ausstellungen zeitgenössischer Kunst genutzt. Erst im 20. Jh. fand man hinter dem im Barockstil umgebauten Haus die noch gut erhaltenen, ursprünglich gotischen Mauern und renovierte das Gebäude mit dem charakteristischen spitzen Dach.

Kunstgewerbemuseum/ Uměleckoprůmyslové muzeum ➡ D5
17. listopadu 2, Staré Město
Metro A: Staroměstská
✆ 778 543 900
www.upm.cz
Das »Umprum« zeigt Textilien und Exponate aus Glas, Keramik und Porzellan. Allein das Gebäude, vor allem das Deckengewölbe im Treppenhaus, ist einen Besuch wert.

Loreto/Loreta ➡ D2
Loretánské náměstí 7
Hradčany
Tram 22: Pohořelec
✆ 220 516 740
www.loreta.cz
Benigna Lobkowitz stiftete diese Wallfahrtsstätte im 17. Jh. Christoph Dientzenhofer ergänzte

später die Kirche Christi Geburt. Sehenswert ist die **Schatzkammer** mit der »Prager Sonne« genannten, 12 kg schweren Monstranz mit 6222 Diamanten.

Messepalast/Veletržní palác ➡ B7
Dukelských hrdinů 47
Holešovice, Praha 7
Tram 12/14/17: Veletržní
✆ 224 301 111
www.ngprague.cz
Die Sammlung der modernen Kunst des 20. und 21. Jh. zeigt die Nationalgalerie im funktionalistischen Messepalast im Stadtteil Holešovice unweit vom historischen Messegelände.

Museum der Hauptstadt Prag/ Muzeum hlavního města Prahy
➡ D8
Na Poříčí 52, Nové Město, Praha 8
Metro B/C: Florenc
✆ 224 816 773
www.muzeumprahy.cz
Das städtische Museum wurde im 19. Jh. im Stil der Neorenaissance erbaut und zeigt gelegentlich Wechselausstellungen. Die meisten Besucher, inklusive vieler Stadtplaner, kommen jedoch wegen des sogenannten **Langweil-Modells:** Anton Langweil hat in mühsamer Bastelarbeit in den Jahren 1826–37 das Prager Zentrum originalgetreu nachgebildet.

Im Zeichen der Gegenreformation erbaut: das Prager Loreto

Museum Kampa/
Muzeum Kampa ➡ E4
U Sovových mlýnů 2
Malá Strana
Metro A: Malostranská
✆ 257 286 147
www.museumkampa.cz
Die Mühle auf der Kampainsel wurde gemäß den Überlieferungen bereits 1393 erwähnt, vermutlich stand sie hier schon im 10. Jh. Das grundrestaurierte Gebäude dient der Stiftung von Meda Mládek, die hier vor allem ihre gesammelten Werke der modernen Künstler František Kupka und Otto Gutfreund ausstellt. Hinter dem Museum leuchten gelbe Pinguine direkt an der Moldau in Höhe der Schleuseneinfahrt für die Schiffe.

Nationales Technikmuseum/
Národní technické muzeum ➡ C6
Kostelní 42, Holešovice, Praha 7
Metro C: Vltavská
✆ 220 399 111
www.ntm.cz
Das Technikmuseum vereint mehr als 50 000 Objekte auf 13 000 m² Ausstellungsfläche, zusammengestellt in 15 Abteilungen: u. a. Verkehr, Astronomie, Zeitmessung, Metallurgie, Fotografie und Film sowie Maschinen- und Bergbau.

Nationalmuseum/
Národní muzeum ➡ F7
Václavské náměstí 68
Nové Město
Metro A/C: Muzeum
✆ 224 497 111
www.nm.cz
Das Nationalmuseum zeigt Exponate aus Geologie, Mineralogie, Urgeschichte und Zoologie. Das Hauptgebäude, im Jahr 1890 im Stil der Neorenaissance von Josef Schulz errichtet, wurde aufwendig restauriert. Die Wiedereröffnung fand anlässlich des 100-jährigen Gründungstages der Tschechoslowakei am 28. Oktober 2018 statt. Die vollständige

Die mächtige Kuppel des Nationalmuseums mit dem heiligen Wenzel

Einrichtung des Hauptgebäudes erfolgte Ende 2019. Im Neubau befinden sich ein Kindermuseum und ein Museum zur Geschichte des. 20 Jh.

Palais Kinský/Palác Kinských
➡ D6
Staroměstské náměstí 12
Staré Město
Metro A/B: Můstek
✆ 224 810 758
www.ngprague.cz
In dem Rokokopalais mit seinem auffallenden Dach am Altstädter Ring ging einst Franz Kafka aufs Gymnasium, sein Vater führte darin einen Kurzwarenladen und

Porträt Kaiser Karls IV. (um 1370) im Nationalmuseum Prag

die erste Friedensnobelpreisträgerin Bertha von Suttner wurde hier geboren. Seit mehr als 50 Jahren sind in dem Gebäude wertvolle Exponate der Nationalgalerie untergebracht, derzeit wird das Gebäude überwiegend für Spezialausstellungen verwendet.

Palais Lobkowitz/ Lobkovický palác ➡ cA4
Jiřská 3, Hradčany
Tram 22: Pražský hrad
✆ 702 201 145
www.lobkowicz.cz
Die Lobkowiczer haben in ihrem Palais im hinteren Teil der Prager Burg eine Ausstellung alter Meister von Canaletto über Brueghel d. Ä. bis Velázquez eingerichtet. Täglich finden um 13 Uhr einstündige Konzerte statt. Das hauseigene Café überrascht mit grandioser Aussicht auf die Kleinseite.

Palais Schwarzenberg/ Schwarzenberský palác ➡ D3
Hradčanské náměstí 2, Hradčany
Tram 22: Pražský hrad
✆ 233 081 713
www.ngprague.cz
Der prächtige Renaissancepalast auf dem Hradschiner Platz mit der einmaligen Sgraffitifassade und einer Sonnenuhr auf dem Schornstein beherbergt die permanente Ausstellung »Barock in Böhmen« der Nationalgalerie mit Gemälden und Statuen von Braun, Brokof, Skréta und anderen.

Palais Sternberg/ Šternberský palác ➡ D3
Hradčanské náměstí 15
Hradčany
Tram 22: Pražský hrad
✆ 233 090 570
www.ngprague.cz
Hier zeigt die Nationalgalerie europäische Kunst von der Antike bis zum Ende des Barocks, vor allem italienische, holländische, flämische und deutsche Malerei mit Werken von Cranach d. Ä., Rembrandt oder Rubens. Das bekannteste Gemälde ist Albrecht Dürers »Rosenkranzfest«, das Rudolf II. einst nach Prag brachte.

Smetana-Museum/Muzeum Bedřicha Smetany ➡ E5
Novotného lávka 1
Staré Město
Metro A: Staroměstská
✆ 222 220 082
www.nm.cz

Im Smetana-Museum: der Flügel des »Moldau«-Komponisten …

Dieses interaktive Museum zeigt Originalhandschriften, Briefe und Bilder des »Moldau«-Komponisten Bedřich Smetana (1824–84). An einem Pult stehend können die Besucher mit dem Taktstock berühmte Melodien aus seinen Werken erklingen lassen.

Tschechisches Museum der Musik/České muzeum hudby ➡ E4
Karmelitská 2, Malá Strana
Metro A: Malostranská
✆ 224 497 707
www.nm.cz
Das Museum der Musik befindet sich in der einstigen Maria-Magdalena-Kirche auf der Kleinseite. Das Nationalmuseum zeigt hier die Dauerausstellung »Mensch – Instrument – Musik«. Sehenswert ist besonders die Eingangshalle, die auch für Wechselausstellungen genutzt wird.

Villa Bílek/Bílková vila ➡ C4
Mickiewiczova 1
Hradčany, Praha 6
Metro A: Hradčanská
✆ 233 323 631
www.ghmp.cz
Der bekannte tschechische Bildhauer František Bílek (1872–1941) errichtete dieses hinter der Prager Burg gelegene Haus 1911 nach seinen Vorstellungen als Gesamtkunstwerk. Inzwischen gehört es der städtischen Kunstgalerie.

Viertel und Plätze

Burgviertel:

6 Prager Burg/ Pražský hrad ➡ D2-4
III. nádvoří, Hradčany
Tram 22: Pražský hrad
✆ 224 373 434
www.hrad.cz
Tickets für die einzelnen Sehenswürdigkeiten verkauft das Informationszentrum im 3. Burghof.

... Bedřich Smetana

Die Besichtigung der Innenräume ist nur am jeweils folgenden Sa nach dem 8. Mai und dem 28. Okt. (gratis) möglich.

Das 45 ha große Areal der Prager Burg repräsentiert verschiedene Baustile aus 11 Jahrhunderten. Das öffentliche Burgareal kann durchwandert werden.

Vom Wallgarten bietet sich ein schöner Ausblick auf das Dächermeer von Kleinseite und Altstadt. Die Alte Schlossstiege führt direkt bis zur Metrostation Malostranská.

St.-Veits-Kathedrale/ Katedrála sv. Víta ➡ cB2
III. nádvoří, Hradčany
Tram 22: Pražský hrad
✆ 257 531 622
www.katedralasvatehovita.cz
1344 begannen Matthias von Arras und Peter Parler mit dem Bau der wichtigsten Kirche des Landes; erst 1929 erfolgte die Fertigstellung. Das Gotteshaus mit seinem 124 m langen, 60 m breiten und 33 m hohen Kirchenschiff ist zweifellos die auffallendste Dominante im Prager Stadtbild.

Alter Königlicher Palast/ Starý královský palác ➡ cB2/3
III. nádvoří, Hradčany

In der St.-Georgs-Basilika sind Werke Meister Theodorichs wie der »Hl. Hieronymus« (um 1360/65) zu sehen

Tram 22: Pražský hrad
✆ 224 373 102, www.hrad.cz
Bis ins 16. Jh. wohnten in diesem Palast die Herrscher des Landes. Im Untergeschoss zeigt eine Ausstellung die Geschichte der Prager Burg.

St.-Georgs-Basilika/ Klášter sv. Jiří ➡ cA3
Náměstí U sv. Jiří 5, Hradčany
Tram 22: Pražský hrad
www.hrad.cz
Die romanische Basilika gilt als besterhaltenes romanisches Gebäude in Böhmen und eines der ältesten Bauwerke der Stadt.

St.-Georgs-Kloster/ Klášter sv. Jiří ➡ cA3
Náměstí U sv. Jiří 5
Hradčany
Tram 22: Pražský hrad
www.hrad.cz
Im ältesten Kloster auf tschechischem Gebiet neben der St.-Georgs-Basilika zeigte die Nationalgalerie Werke aus der Kunst des 19. Jh. in Böhmen. Wegen des derzeitigen Gebäudezustands ist die Nationalgalerie inzwischen ausgezogen. Die weitere Nutzung ist noch offen.

Goldenes Gässchen/ Zlatá ulička ➡ cA4
Hradčany
Tram 22: Pražský hrad
www.hrad.cz
Die berühmteste und wohl kleinste der Prager Gassen mit den kleinen bunten Häusern entstand durch die Bebauung einer Wehrmauer im nordöstlichen Teil der Prager Burg während der Regierungszeit von Kaiser Rudolf II., der hier Alchimisten ansiedelte, um Gold herzustellen und den

Blick auf den Hradschin mit St.-Veits-Kathedrale und Burg

Westfassade der St.-Veits-Kathedrale

Trank des ewigen Lebens zu brauen. Im blauen Haus mit der **Nummer 22** schrieb Franz Kafka Teile seines Buches »Ein Landarzt«. Das Gässchen wurde inzwischen um eine Dauerausstellung ergänzt.

Königliches Lustschloss Belvedere/Královský letohrádek belvedér ➡ C4
Mariánské hradby, Hradčany
Tram 22: Královský letohrádek
www.hrad.cz
Nur zu Ausstellungen zugänglich

Der erste habsburgische Herrscher, Ferdinand I., ließ das Lustschloss Belvedere als Geschenk für seine Gemahlin Anna erbauen, die jedoch die Fertigstellung im Jahre 1563 nicht mehr erlebte. Es zählt heute zu den schönsten Renaissancebauten außerhalb Italiens.

Jüdisches Viertel/Josefov:

Am Samstag sind alle Einrichtungen im 8 **Jüdischen Viertel** wegen des Sabbats geschlossen.

Alter Jüdischer Friedhof/ Starý židovský hřbitov ➡ D5/6
U Stáreho hřbitova
Josefov
Metro A: Staroměstská
✆ 222 749 211
www.jewishmuseum.cz
Vom 15. Jh. bis 1787 wurde das Areal aktiv als Friedhof genutzt.

Altneu-Synagoge/ Staronová synagóga ➡ D6
Červená 2, Josefov
Metro A: Staroměstská
✆ 224 800 812
www.synagogue.cz
Die älteste erhaltene Synagoge Mitteleuropas fungiert noch heute als Gebetshaus der jüdischen Gemeinde Prags.

Gaslaternen

Bereits im 12. Jahrhundert wurden die wichtigsten Straßen des damaligen Prag primitiv durch Kiene beleuchtet. Erst im Jahre 1847 hielten 200 Gaslampen Einzug ins Zentrum. Damals war noch ein Laternenanzünder in der Stadt unterwegs. 1929 wurde das automatische Ein- und Ausschalten aller Gaslampen per Fernsteuerung eingeführt: Das Gaswerk sendete seitdem eine Druckwelle aus, die mittels Membranapparat die Lampen entzündete und auch wieder löschte. Kunstschmiede und berühmte Architekten wie Josef Fanta verwandelten die zunächst einfachen Eisenstangen in kunstvolle Gaslaternen, die für das aus heutiger Sicht romantische Stadtbild verantwortlich sind. Die wichtigsten Plätze wie Altstädter Ring, Wenzelsplatz und Hradschiner Platz wurden mit achtarmigen Kandelabern beleuchtet, die kleineren wie der Kohlenmarkt erhielten vierarmige. Von den einst 16 achtarmigen Gaslaternen stehen nur noch zwei auf dem Platz vor der Prager Burg. Dank František Křižík erhielt Prag bereits 1881 die erste elektrische Beleuchtung in der Straße Hybernská. Später wurden alle verbliebenen Gaslaternen auf Elektrolicht umgestellt, selbst wenn die Gasbeleuchtung zunächst noch viel günstiger war. Auch wenn viele Touristen in den 1990er Jahren vermeintliche Gaslaternen fotografierten, handelte es sich doch um elektrische Lampen. Seit 2002 ersetzen wiederum mehr und mehr Gaslaternen die elektrischen Lampen, sogar ein Laternenanzünder wurde wieder eingestellt. Prag feiert die Rückkehr der Gaslaternen und damit auch die Rückkehr der zauberhaften Atmosphäre alter Erzählungen.

Jüdisches Rathaus/
Židovská radnice ➡ D6
Maiselova 18, Josefov
Metro A: Staroměstská
✆ 224 800 812
www.kehilaprag.cz

Das jüdische Rathaus errichtete der berühmte jüdische Bürgermeister und Geldverleiher Mordechaj Maisel, der gelegentlich auch Kaiser Rudolf II. bei Geldnot unter die Arme griff. Auffallend an dem

Alter Jüdischer Friedhof – 12 000 Grabsteine in zwölf Schichten

Maisel-Synagoge im Stadtteil Josefov

noch heute als Rathaus genutzten Gebäude ist das entgegen dem Uhrzeigersinn gestaltete Zifferblatt am Rathausturm. Besichtigt werden kann es nicht, aber das hauseigene Restaurant serviert koschere Speisen.

Klausen-Synagoge/ Klausová synagóga ➡ D5/6
U Starého hřbitova 1
Josefov
Metro A: Staroměstská
✆ 222 749 211
www.jewishmuseum.cz
Die am Rand des Alten Jüdischen Friedhof gelegene Klausen-Synagoge macht mit alten jüdischen Traditionen und Gewohnheiten anhand hebräischer Handschriften und Drucke vertraut.

Maisel-Synagoge/ Maiselova synagóga ➡ D6
Maiselova 10, Josefov
Metro A: Staroměstská
✆ 222 749 211
www.jewishmuseum.cz
Die nach dem Finanzier und Bürgermeister Mordechaj Maisel benannte Synagoge vom Ende des 16. Jh. zeigt die Geschichte der Juden in Böhmen und Mähren von den Ursprüngen der jüdischen Besiedlung bis zur Emanzipation der Prager Juden Ende des 18. Jh.

Pinkas-Synagoge/ Pinkasova synagóga ➡ D6
Široká 3, Josefov
Metro A: Staroměstská
✆ 222 749 211
www.jewishmuseum.cz
Diese Synagoge gilt als Mahnmal für die jüdischen Opfer des Nationalsozialismus. Die Namen und Geburtsdaten von 77 297 Juden aus Böhmen und Mähren und deren Tag der Deportation ins Konzentrationslager sind hier festgehalten.

Spanische Synagoge/ Španělská synagóga ➡ D6
Dušní 12, Josefov
Metro A: Staroměstská
✆ 222 749 211
www.jewishmuseum.cz
Die prunkvolle Synagoge von 1868 erinnert aufgrund ihres maurischen Stils und der reich

mit Gold verzierten Innenausstattung an die spanische Alhambra in Granada. Die permanente Ausstellung zeigt die Geschichte der Juden in Böhmen und Mähren vom Ende des 18. Jh. bis in die Gegenwart, sozusagen eine Fortsetzung der Ausstellung in der Maisel-Synagoge.

Plätze:

3 Altstädter Ring/ Staroměstské náměstí ➡ D/E6
Staré Město
Metro A/B: Můstek
Es gibt wohl niemanden auf der Welt, den der Anblick des Altstädter Rings nicht erstaunen lässt. Er gilt sicher mit Recht als schönster Platz der Stadt. Herrlich fügen sich die Fassaden der Bürgerhäuser zu einem einmaligen Ensemble mittelalterlicher Baukunst. Die Dominanten sind vor allem das **Altstädter Rathaus mit der Astronomischen Uhr** sowie die beiden doppeltürmigen Gotteshäuser **St.-Nikolaus-Kirche** und **Teynkirche**. In der Mitte des Platzes steht die **Statue des Reformators Jan Hus**, der 1415 auf dem Scheiterhaufen in Konstanz verbrannt wurde. Dahinter befindet sich der breite **Kinský-Palast**, in dem Franz Kafka zur Schule ging, und daneben das **Haus zur Steinernen Glocke**. Und auch die 1650 als Siegeszeichen der Gegenreformation errichtete und 1918 zerstörte **Mariensäule** wurde wiederaufgebaut. Der Genuss eines Bieres in einem Lokal auf dem Platz ist bei gutem Wetter verlockend, die Bierpreise sind entsprechend hoch.

Prager Kopfsteinpflaster

Typisch für Prags verwinkelte Altstadtgässchen: sepiafarbenes Steinpflaster

Jedem Prag-Besucher fällt bestimmt nach ein paar Schritten das Kopfsteinpflaster im fußläufigen Zentrum auf, das durch seine verschiedenen Muster im Vergleich zu anderen europäischen Städten einen ganz eigenen Charakter besitzt. Was heute mittelalterlich anmutet, entstand jedoch erst im 19. Jahrhundert, als die für den Bau der Wasserleitung vorgesehenen Steine aus rotem Marmor in kleine Würfel zerkleinert und mit weißen Steinchen gleicher Größe kombiniert wurden. Dabei entstanden Mosaiken, die sogar Fachleute aus umliegenden Metropolen wie Wien anzogen. So war es kein Wunder, dass diese Steinwürfel nach und nach die ursprüngliche, im Volksmund »Katzenköpfe« genannte und bei Regen recht rutschige Pflasterung ersetzten.

Das Kopfsteinpflaster wurde in den letzten beiden Jahrzehnten behutsam erweitert, und es verdrängte im Zentrum überwiegend die zwischenzeitlich durchgeführte moderne Asphaltierung. Selbst der Belag mancher Straßen in der Altstadt, wie der der Michalská, wurde mit Steinpflaster umgebaut, um den altertümlichen Charakter der Stadt zu unterstreichen. Die neu verlegten Steine auf den Gehwegen entsprechen historischen Mustern, etwa dem eines Schachbretts oder dem alter Kassettendecken. Allerdings werden heute stumpfe Steine verwendet, um ein Ausrutschen bei schlechtem Wetter zu verhindern. An manchen Stellen kann man auch Aufschriften oder historische Figuren wie den Golem ausfindig machen.

Wachen vor dem Haupteingang der Prager Burg

Hradschiner Platz/
Hradčanské náměstí ➡ cC1
Hradčany
Tram 22: Pražský hrad
Auf dem Platz vor der Prager Burg machte sich der Adel mit seinen Palästen breit, um dem Kaiser näher zu sein. Die Gelegenheit hatten die Adelsgeschlechter nur aufgrund eines Brands im Jahre 1541, dem die Vorgängerbauten zum Opfer gefallen waren. Den Vorhof zur Burg bilden vor allem das **Erzbischöfliche Palais** mit dem Sitz des Erzbischofs sowie die **Paläste von Sternberg und Schwarzenberg**, die beide zur Nationalgalerie gehören. Auffallend ist die **Statue von Tomáš Garrigue Masaryk**, dem Gründer der Tschechoslowakei.

Karlsplatz/
Karlovo náměstí ➡ G6
Nové Město
Metro B: Karlovo náměstí
Dieser fast unscheinbare Platz wird in der Mitte vom Durchgangsverkehr überquert, ist ansonsten aber ein grünes Refugium inmitten der südlichen Neustadt. Mit 500 m mal 150 m ist er größer als der Wenzelsplatz, aber von weniger bedeutenden Geschäften und Restaurants umgeben. Sehenswert ist vor allem das **Neustädter Rathaus**, wo 1419 durch den »Ersten Prager Fenstersturz« die Hussitenkriege begannen. Die barocke **Ignaz-Kirche** gehört zum benachbarten Jesuitenkolleg, das heute als Poliklinik genutzt wird. Den südlichen Abschluss bildet das **Fausthaus,** in dem der Chemiker Edward Kelly im Auftrag von Rudolf II. versuchte Gold herzustellen.

5 Kleinseitner Ring/
Malostranské náměstí ➡ D4
Malá Strana
Tram 22: Malostranské náměstí
Im Gegensatz zum Altstädter Ring ist der Kleinseitner ein wirklicher Ring. In seiner Mitte steht der prächtige **Barockdom des heiligen Nikolaus.** Die meisten Bauten am nördlichen Teil des Kleinseitner Rings gehören zum Senat. Das Gebäude mit der kupfernen Kuppel war bis zur Zusammenlegung der vier Prager Städte 1784 das Rathaus der selbstständigen Stadt Kleinseite.

In den Ring münden zwei touristische Hauptschlagadern: die **Mostecká** als Verlängerung der Karlsbrücke und die **Nerudova** als Nabelschnur der Kleinseite. Die ganze Trasse vom Pulverturm aus über den Kleinseitner Ring zur Prager Burg heißt »Krönungsweg«.

Teynhof/Týn ➡ D6
Staré Město, Metro A/B: Můstek
Der Teynhof diente im Mittelalter als Zollstation für den Handel auf dem nahe gelegenen Altstädter Ring. Wegen der zu entrichtenden Gebühr wird das Areal auch heute noch »Ungelt« genannt. Durch den Eingang mussten die Händler ihre Waren bringen, eine Nacht im Renaissancepalast Granovský übernachten und schließlich am nächsten Tag auf den Altstädter Ring ziehen. Dieses Gebiet hat sich inzwischen zu einem hübschen kleinen Platz entwickelt, auf dem deutlich mehr Ruhe und Gelassenheit herrscht als auf dem Hauptplatz jenseits der Tore.

Nach dem Vorbild des Originals: Fenster der Bethlehems-Kapelle

1 Wenzelsplatz/ Václavské náměstí ➡ E/F6/7
Nové Město, Metro A/B: Můstek, Metro A/C: Muzeum
Eigentlich wird er seinem Namen nicht gerecht, denn der 750 m lange und 60 m breite, leicht bergauf führende Platz ist eher ein Boulevard. Er ist gesäumt von Geschäften, Restaurants, Hotels und den typischen Bratwurstbuden, nachts zeigt sich hier auch das erotische Prag mit Clubs. Bei der Gründung der Neustadt im 14. Jh., als er noch Rossmarkt hieß, wurde der Anstieg genutzt, um die Fähigkeiten der Pferde jenseits gerader Strecken zu testen.

Wo einst eine Mauer die Stadt abgrenzte, thront heute das monumentale **Nationalmuseum**. Etwas davor steht das **Wenzelsdenkmal:** eine Statuengruppe böhmischer Heiliger mit dem Schutzpatron Wenzel auf seinem Pferd. Ein paar Schritte entfernt markiert eine Gedenkstelle den Punkt, wo sich der Student Jan Palach 1969 aus Protest über die Niederschlagung des Prager Frühlings verbrannte. Der Wenzelsplatz war mehrfach Ort wichtiger politischer Ereignisse: Hier fuhren die Panzer im August 1968 auf, und hier fanden die Demonstrationen der Samtenen Revolution im Herbst 1989 statt.

Kirchen und Klöster

Bethlehems-Kapelle/ Betlémská kaple ➡ E6
Betlémské náměstí 4, Staré Město
Metro B: Národní třída
www.bethlehemchapel.eu
Ende des 14. Jh. wurde an dieser Stelle die erste Bethlehems-Kapelle erbaut, in der der böhmische Reformator Jan Hus predigte

Eher ein Boulevard als ein Platz: der Wenzelsplatz

und als Erster die Bibel ins Tschechische übersetzte. Die Kapelle wurde fast 400 Jahre später abgerissen, 1954 erfolgte der Neubau nach dem Vorbild des Originals.

Jakobsbasilika/Bazilika sv. Jakuba ➡ D7
Malá Štupartská 6 , Staré Město
Metro A/B: Můstek
www.praha.minorite.cz
Eintritt frei
Die ursprünglich gotische, aber später barockisierte Basilika am Ausgang des Teynhofs lohnt aus zwei Gründen einen Besuch: Dank ihrer Akustik, der besten aller Prager Kirchen, sind die hier stattfindenden Konzerte absolut hörenswert. Rechts vom Eingang verwundert die **mumifizierte Hand eines Diebes**, der laut einer Legende beim Stehlen der Marienstatue festgehalten wurde.

Maria Schnee/ Panny Marie Sněžné ➡ E6
Jungmannovo náměstí 18
Nové Město, Metro A/B: Můstek
pms.ofm.cz
Eintritt frei
Die katholische Maria-Schnee-Kirche sollte nach der Planung von Karl IV. die größte Kirche der Stadt werden und sogar den St.-Veits-Dom übertreffen. Der Ausbruch der Hussitenkriege im 15. Jh. verhinderte jedoch einen Weiterbau, sodass es bei dem 34 m hohen Kirchenschiff blieb; ein richtiger Turmabschluss fehlt bis heute. Die Kirche gehört zum Franziskanerkloster, das sich an den gleichnamigen **Klostergarten** anschließt.

St. Maria de Victoria/Kostel Panny Marie Vítězně ➡ E4
Karmelitská 9, Malá Strana
Tram 22: Hellichova
www.pragjesu.cz
Eintritt frei
Das Besondere dieser Barockkirche im Besitz der Karmeliterinnen ist die auf der rechten Seite im Innenraum stehende, nur 47 cm große **Wachsstatue »Prager Jesulein«**, der wahre Wunder zugesprochen werden. Von jeher kommen die Prager in Momenten schwerer Prüfungen hierher und erhoffen sich Hilfe durch Gebete. Seit Polyxena von Lobkowitz die Statue dem Orden stiftete, schenkten ihr viele Staatsoberhäupter wie Maria Theresia Kleider aus Gold, Samt und Schmuck, die dem Jesulein bis heute abwechselnd angezogen werden. Die Vielfalt der Kleider kann im kircheneigenen **Museum** bestaunt werden.

St. Maria unter der Kette/ Kostel Panny Marie pod řetězem ➡ E4
Lázeňská, Malá Strana
Tram 22: Malostranské náměstí
Der Malteserorden siedelt bereits seit dem Jahr 1169 auf der Kleinseite. Das Zentrum der Klosteranlage bildete die romanische Kirche der hl. Maria, von der nur noch die Außenmauern des Seitenschiffs stehen, die allerdings einen guten Einblick in die romanische Baukunst ermöglichen. Der Namenszusatz bezieht sich auf die einstige Aufgabe des Ordens, den Zugang zur Judithbrücke zu sichern, dem Vorläufer der Karlsbrücke.

St.-Nikolaus-Dom auf der Kleinseite/Chrám sv. Mikuláše na Malé Straně ➡ D/E4
Malostranské náměstí 25
Malá Strana
Tram 22: Malostranské náměstí
Dom: www.stnicholas.cz
Turm: www.prague.eu/svatomikulasskazvonice
Die Mitte des Kleinseitner Rings nimmt der prächtige Nikolaus-Dom ein, den Vater und Sohn Dientzenhofer im Hochbarock schufen, um die Macht der Jesuiten zu demonstrieren. Die Lebensstationen des hl. Nikolaus, Beschützer der Kaufleute und Seefahrer, sind auf einem 1500 m² großen Deckenfresko nachgezeichnet worden. Ein Geheimtipp ist die Aussicht vom schmalen **Kirchenturm** des italienischen Architekten Lurago.

St.-Nikolaus-Kirche in der Altstadt/Kostel sv. Mikuláše ➡ D6
Staroměstské náměstí
Staré Město, Metro A/B: Můstek
www.svmikulas.cz
Eintritt frei
Der berühmte Architekt Ignaz Kilian Dientzenhofer erbaute die weiße Barockkirche 1735 für die Benediktiner. Bis 1945 war die Kirche auf dem Altstädter Ring kaum zu sehen, weil das ehemalige Stadtarchiv des Rathauses die Sicht versperrte. Heute ist dieser prachtvolle Sakralbau Sitz der hussitischen Kirche sowie Spielstätte für klassische Konzerte.

7 **Strahov-Kloster/ Strahovský klášter** ➡ E2
Strahovské nádvoří 1
Hradčany
Tram 22: Pohořelec

Im Fischaugen-Effekt: das Innere des St.-Nikolaus-Doms auf der Kleinseite

Der Theologische Bibliothekssaal des Strahov-Klosters

✆ 233 107 718
www.strahovskyklaster.cz
Hinter der Prager Burg thront das bedeutendste Kloster des Landes. Die wertvolle **Bibliothek** beinhaltet im Theologischen und Philosophischen Saal zusammen mehr als 200 000 Bände. Gegen eine kleine Gebühr ist das Fotografieren erlaubt. Die Bibliothek kommt in mehreren internationalen Filmen vor, darunter in »From Hell« (dt. »Aus der Hölle«) mit Johnny Depp und in »Casino Royale« mit Daniel Craig alias James Bond.

Zu dem Gebäudekomplex gehören eine **Aussichtsterrasse** vor dem Kloster mit Blick auf Kleinseite und Laurenziberg, das **Literaturmuseum**, mehrere Restaurants und die **Maria-Himmelfahrts-Kirche**, wo der hl. Norbert von Xanten, der Gründer der Prämonstratenser, bestattet wurde.

Teynkirche/Týnský chrám ➡ D6
Staroměstské náměstí 14
Staré Město, Metro A/B: Můstek
Eintritt frei
Gleich zwei Kirchen mit Doppeltürmen säumen den Altstädter Ring: Gegenüber der barocken Nikolauskirche steht die römisch-katholische Teynkirche, eine der bedeutendsten gotischen Kirchenbauten der Stadt. Der leicht versteckte Eingang liegt zwischen den davorstehenden Häusern und dem Haus zur Steinernen Glocke. Rechts vor dem Hauptaltar befindet sich das marmorne **Grabmal des Astronomen Tycho Brahe**; das Berühren seiner Nase soll Glück bringen.

Gärten und Parks

Franziskanergarten/ Františkánská zahrada ➡ F6
Jungmannovo náměstí 18
Nové Město, Metro A/B: Můstek
Eintritt frei
Zwischen dem Jungmannplatz und dem unteren Teil des Wenzelsplatzes liegt mit dem Franziskanergarten eine erholsame Oase – das Richtige nach einem ausgiebigen Shoppingbummel in der Neustadt. Der Garten gehört zum gleichnamigen Kloster, in dem noch heute Mönche leben. Dahinter steht die Kirche Maria Schnee.

»Hollywood in Prag«

Prag hat sich während der 1990er Jahre zu einer europäischen Filmmetropole gemausert. Denn hier wurden in letzten Jahrzehnten zahlreiche Blockbuster, aber auch weniger bekannte, künstlerisch wertvolle Spielfilme gedreht. Den kommerziellen Höhepunkt bildete der James-Bond-Streifen »**Casino Royale**«.

Die Filmstudios im Stadtteil Barrandov gründete der Großvater des Ex-Präsidenten Václav Havel bereits in den 1930er Jahren. Berühmt sind heute vor allem die dort entstandenen tschechischen Märchenfilme, die nicht nur zu Weihnachten auf der ganzen Welt große und kleine Zuschauer begeistern. Unvergessen sind Titel wie »**Drei Nüsse für Aschenbrödel**« und Trickfilmserien wie »**Pan Tau**«.

Sogar der Vorläufer aller Fernsehserien um Ärzte und Krankenschwestern kam aus Prag: »**Das Krankenhaus am Rande der Stadt**« war lange vor der »Schwarzwaldklinik« ein Renner. Der erste international bedeutende Film aus Prag war das 1983 gedrehte Mozart-Epos »**Amadeus**« von Regisseur Miloš Forman.

Dank des Know-hows der tschechischen Filmemacher und der günstigen Produktionsbedingungen verlegten US-amerikanische Produzenten in den 1990er Jahren ihre Drehorte für ein gutes Jahrzehnt nach Prag. So entstanden bekannte Streifen wie »**Mission: Impossible**« mit Tom Cruise, »**Oliver Twist**« von Roman Polanski, die »**Liga der außergewöhnlichen Gentlemen**« mit Sean Connery, »**From Hell**« mit Johnny Depp, »**Van Helsing**« mit Hugh Jackman und »**Der Illusionist**« mit Edward Norton.

Nicht immer darf sich die Moldaumetropole in Filmen jedoch selbst darstellen. Häufig mimt sie das alte Paris, London oder Berlin. Gelegentlich »verirren« sich Prager Bauten in die Handlung, etwa bei der »**Bourne Identity**« mit Matt Damon. In der Sequenz, die Zürich darstellen soll, sind Prager Nationaltheater und Moldau nur allzu deutlich sichtbar. Das komplette Prager Zentrum taucht jedoch in der Verfolgungsjagd des Films »**xXx – Triple X**« mit Vin Diesel auf.

Einige Schauplätze kommen immer wieder in Filmen vor, etwa das Rudolfinum, die Karlsbrücke, der Altstädter Ring, ein kleiner Straßenzug in der Altstadt zwischen den Gassen Kozí und U Obecního dvora sowie die südliche Neustadt und der Stadtteil Vinohrady. Auch für Innenaufnahmen lohnt sich der Dreh in Prag. Beispielsweise wurden die Theateraufnahmen in »**La Vie en Rose**« über Edith Piaf in der Lucerna gedreht – in dessen Kino die spätere Oscar-Gewinnerin Marion Cotillard die Zuschauer begeistert. Manchmal werden ganze Dörfer im Außenareal der Filmstudios, die leider nicht besichtigt werden dürfen, errichtet und danach wieder zerstört, etwa für die ersten beiden Teile der »**Chroniken von Narnia**« und für »**Gebrüder Grimm**«.

Inzwischen steigt auch die Beliebtheit tschechischer Filme im Ausland. So erhielt »**Kolja**« von Regisseur Jan Svěrák, mit seinem Vater Zdeněk Svěrák in der Hauptrolle, 1996 einen Oscar für den besten ausländischen Film. Bei den Berliner Filmfestspielen 2007 fand »**Ich habe den englischen König bedient**« mit Julia Jentsch große Beachtung. Der Oscar-gekrönte Jiří Menzel führte bei der Verfilmung des beliebten Romans von Bohumil Hrabal Regie. 2012 gewann **»Alois Nebal«**, der auf der gleichnamigen Graphic Novel basiert, den Europäischen Filmpreis in der Kategorie »Bester Animationsfilm«. Zu den jüngeren Filmen aus Prag gehört unter anderem »**Spiderman: Far From Home**« (2019).

Hirschgraben/Jelení příkop ➡ D3
Kanovnická, Hradčany
Metro C: Hradčanská
Eintritt frei
In der weitläufigen Grünanlage im Graben hinter der Prager Burg wurden einst Hirsche für die Jagd ausgesetzt. Heute bietet der Hirschgraben einen unerwartet naturverbundenen Spaziergang direkt im Prager Zentrum, besonders auffallend ist der elegant über einem kleinen Bach gestaltete Fußgängertunnel unterhalb der Pulverbrücke, über die die Massen in die Prager Burg strömen.

Kampa ➡ E4
Na Kampě, Malá Strana
Metro A: Malostranská
Die Karlsbrücke überquert nicht nur die Moldau, sondern auch den Teufelsbach (Čertovka) und die dazwischenliegende Halbinsel Kampa. Gerne wird die Gegend **»Prager Venedig«** genannt. Kampa besteht aus einem verträumten Plätzchen mit kleinen Restaurants sowie einem Park mit einer tollen Aussicht auf die Altstadt. Die Prager kommen gern hierher, um die Sonne auf diesem romantischen Fleckchen zu genießen. Einst standen auf der Kampa einige Mühlen, davon ist aber nur noch ein Mühlrad übrig geblieben.

Königsgarten/ Královská zahrada ➡ cA2
U Prašného mostu
Hradčany
Tram 22: Pražský hrad
Der Königsgarten reicht vom Hintereingang zur Prager Burg bis zum Lustschloss Belvedere. Direkt vor dem königlichen Sommerschloss zieht die **»Singende Fontäne«** die Blicke der Besucher an: ein aus Bronze gegossener Brunnen, dessen Klang man unter dem gewölbten Brunnenbecken lauschen kann.

Laurenziberg/Petřín ➡ F3
Petřínské sady/Strahovská
Malá Strana
Tram 9/22: Újezd, von dort per Seilbahn
✆ 221 714 714, www.prague.eu/petrinskarozhledna

Lustschloss Belvedere der Königin Anna im Areal der Prager Burg

Der Hügel gegenüber der Prager Burg gilt aufgrund eines hübschen Brauchs als Berg der Prager Verliebten: Jährlich pilgern am 1. Mai einheimische und auswärtige Paare zu der Statue des Dichters Karel Hynek Mácha und küssen sich dort unter einem blühenden Baum. Dadurch soll die Liebe ein weiteres Jahr halten.

Der Laurenziberg verfügt über zahlreiche Sehenswürdigkeiten, u. a. über den gern als »Prager Eiffelturm« bezeichneten, nur 60 m hohen **Aussichtsturm,** der 1891, zwei Jahre nach dem Pariser Vorbild, entstand. Der Blick über das Prager Dächermeer lohnt den 299 Stufen währenden Aufstieg. Neben dem Turm lockt ein lustiges **Spiegelkabinett** und weiter oben zieht die **Sternwarte** interessierte Hobbyastronomen an.

Letná/Letenské sady ➡ C5/6
Holešovice, Praha 7
Metro A: Malostranská
Östlich der Prager Burg schließt sich das Letná-Plateau an. Die ausgedehnte Parkanlage führt parallel zur Moldau bis in den Stadtteil Holešovice. Wo einst die größte Stalin-Statue der Welt stand, tickt heute ein weithin sichtbares **Metronom**, dessen Zeiger häufig stillstehen. Die Sicht von dieser Stelle gegenüber der Brücke Čechův most über Altstadt, Kleinseite und Prager Burg ist phänomenal. Viele einheimische Inlineskater erfreuen sich an der lang gezogenen Fläche der Letná.

10 Palastgärten/ Palácové zahrady ➡ D4
Valdštejnská 14
Malá Strana
Metro A: Malostranská
✆ 257 214 817
www.palacove-zahrady.cz
Von italienischen Architekten angelegte herrliche Ansammlung von Terrassengärten an den Hängen der Prager Burg, die in den vergangenen Jahren hergerichtet wurden und sowohl von der Burg als auch von der Waldsteingasse aus zugänglich sind. Der schönste Gang durch die Gärten beginnt bereits bei den Südgärten der Burganlage.

Wallenstein-Garten/ Valdštejnská zahrada ➡ D4
Letenská 10, Malá Strana
Metro A: Malostranská
Eintritt frei
In dem erholsamen Palastgarten des Palais Waldstein mit Grotte, Teich und einer Statuenallee leben Pfaue, außerdem werden gelegentlich Konzerte aufgeführt. Im Palast hat der tschechische Senat seinen Sitz.

Wrtba-Garten und Palais/ Vrtbovská zahrada a palác ➡ E4
Karmelitská 25
Malá Strana
Tram 22: Malostranské náměstí
✆ 272 088 350
www.vrtbovska.cz
Dieses schmucke Palais im Spätrenaissancestil und sein herrlicher italienischer Terrassengarten mit nachgebildeten antiken Götterstatuen liegen etwas versteckt an der Karmelitergasse auf der Kleinseite. Für viele Einwohner ein Geheimtipp unter den Prager Gärten.

Architektur und andere Sehenswürdigkeiten

Altstädter Brückenturm/ Staroměstská mostecká věž
➡ E5
Křižovnické náměstí
Staré Město
Metro A: Staroměstská
✆ 221 714 714, www.prague.eu/staromestskaradnice
Erst nach der Einweihung der Karlsbrücke wurde der Altstädter Brückenturm 1391 von Peter Parler begonnen und gilt seit seiner Fertigstellung als einer der schönsten

Der Garten des Waldstein-Palais auf der Kleinseite

gotischen Türme Mitteleuropas. Er steht auf dem ersten der 16 Pfeiler der Karlsbrücke und ist mit dem Wappen der Luxemburger sowie mit einigen Badestatuen verziert. Nach 138 Stufen bietet sich von oben der berühmteste Blick auf die Prager Burg.

Der vor dem Turm liegende **Kreuzherrenplatz** wurde erst Ende des 19. Jh. aufgeschüttet, nachdem zwei Pfeiler der Karlsbrücke in die Moldau gestürzt waren. Im Dreißigjährigen Krieg wurden die Köpfe von zwölf böhmischen Adeligen zur Abschreckung am Turm aufgespießt.

Altstädter Rathaus und Astronomische Uhr/Staroměstská radnice a Orloj ➡ E6
Staroměstské náměstí 3
Staré Město
Metro A/B: Můstek
www.staromestskaradnicepraha.cz
Das gotische Rathaus wurde 1338 erbaut und später mit den danebenstehenden vier Gebäuden verbunden. Seit der Zusammenlegung der vier historischen Viertel wird die Stadt vom Magistrat aus verwaltet. Markant ist der gotische Prunk-Erker am 69 m hohen Rathausturm, der eine einmalige Aussicht auf das Häusermeer der Altstadt ermöglicht. Der neogotische Ostflügel mit dem Stadtarchiv wurde am 8. Mai 1945 komplett zerstört und nie wieder aufgebaut.

Das Altstädter Rathaus besitzt ein Informationsbüro mit **Ticketverkauf** für Kulturveranstaltungen, eine **Kunstsammlung der Städtischen Galerie** sowie herrliche **Gewölbemalereien** in mehreren Räumen. Wer sich für den Prager Untergrund interessiert, kann den Zusammenfluss der Hauptwasserleitungen unter dem Rathaus besichtigen.

Zu jeder vollen Stunde erleben Hunderte Besucher den **Apostelumzug der Astronomischen Uhr**, wenn die zwölf Apostel aus den kleinen, blauen Fenstern kommen und ihre Runde drehen. Nach 37 Sekunden und einem Hahnenschrei ist das mehr als 500 Jahre alte Schauspiel schon wieder vorbei. Auffallend sind die beiden Scheiben der Astronomischen Uhr, von denen die obere die

Mondposition und die Uhrzeit im 24-Std.-Format anzeigt, während das später hinzugefügte zweite Ziffernblatt als Kalendarium mit Tierkreiszeichen dient.

2 Gemeindehaus/ Obecní dům ➡ D/E7
Náměstí Republiky 5
Staré Město
Metro B: Náměstí Republiky
✆ 222 002 101
www.obecnidum.cz
Das 1911 erbaute »Repräsentationshaus der Gemeinde Prag« gilt als Musterbeispiel des Prager Jugendstils. Hier wurde 1918 die erste tschechoslowakische Republik ausgerufen. Ein Muss ist der Besuch des **Kaffeehauses** im linken Flügel mit herrlichem Interieur und leckeren Torten. Das Musikfestival »Prager Frühling« beginnt dort im **Smetana-Saal** jährlich am 12. Mai mit dem sinfonischen Zyklus »Mein Vaterland«, dessen zweiter Teil, »Die Moldau«, weltberühmt ist.

Hanauer Pavillon/ Hanavský pavilon ➡ C5
Letenské sady, Holešovice, Praha 7
Metro A: Malostranská
✆ 725 944 889
www.hanavsky-pavilon.cz
Eigentlich stand dieser gusseiserne Pavillon 1891 auf der Jahrhundertausstellung beim Messegelände. Dank seiner Beliebtheit wurde er später an die heutige Stelle auf dem Letná-Plateau verschoben, um dort inmitten eines kleinen Gartens die ehrwürdige Aufgabe eines Ausflugsrestaurants zu erhalten.

4 Karlsbrücke/Karlův most ➡ E5
Staré Město/Malá Strana
Metro A: Staroměstská, Tram 22: Malostranské náměstí
Nach dem Einsturz der Judithbrücke, damals die einzige Moldaubrücke, ließ Karl IV. im Jahr 1357 am 9.7. um 5.31 Uhr (Man beachte die magische Zahlenfolge!) eine neue Brücke einweihen. Der junge Architekt Peter Parler aus Schwäbisch Gmünd verwendete neben Sandsteinquadern der Legende nach auch Eier, Quark, Käse und Wein, um die Stabilität zu gewährleisten. Bisher sind nur zwei Pfeiler im Jahr 1890 eingestürzt; auch während des Jahrhunderthochwassers 2002 trotzte die Brücke der Flut. Nach ihrem 650-jährigen Jubiläum 2007 wurde sie drei Jahre lang aufwendig restauriert.

Peter Parlers berühmte Karlsbrücke im goldroten Abendlicht

Historische Bibliothek im Klementinum

Die gut 515 m lange und knapp 10 m breite Brücke, die erst sehr spät nach Karl IV. benannt wurde, steht auf 16 Pfeilern und wird von Türmen auf beiden Seiten gesäumt. 30 Statuen vom Beginn des 18. Jh. geben der Brücke ihr unverwechselbares Aussehen, viele wurden bereits durch Kopien ersetzt. Die **Bronzestatue des hl. Nepomuk** in der Mitte der Brücke vermag Glück zu bringen, wenn man ihr seine Hand auflegt. Die Karlsbrücke überspannt nicht nur die Moldau, sondern auch den Teufelsbach (Čertovka) und die Kampa-Halbinsel.

Karlsuniversität/Karolinum ➡ E6
Železná 9, Staré Město
Metro A/B: Můstek
www.cuni.cz
Nicht öffentlich zugänglich
Das Karolinum gründete Karl IV. 1348 als erste Hochschule Mitteleuropas. Zu den Professoren zählt auch der anno 1415 in Konstanz auf dem Scheiterhaufen verbrannte Reformator Jan Hus. Aus dem 14. Jh. sind noch der gotische **Prunk-Erker** sowie die **Aula** erhalten. Im Laufe der Jahrhunderte wurden die zahlreichen Gebäude mehrfach umgebaut und schließlich regotisiert. Noch heute werden die Universitätsfeiern sowie die Überreichung der Diplomurkunden traditionell an dieser Stätte durchgeführt. Einmal im Jahr, im März, kann der gesamte Komplex besichtigt werden.

Kleinseitner Brückentürme/ Malostranské mostecké věže
➡ E4
Malá Strana
Tram 22: Malostranské náměstí
✆ 221 714 714, www.prague.eu/malostranskamosteckavez
Auf dem Kleinseitner Ufer der Karlsbrücke befinden sich gleich zwei Türme. Der linke und niedrigere von beiden gehörte einst zur Judithbrücke, die 1342 bei einem Hochwasser zerstört wurde. Der höhere wurde in Anlehnung an den gegenüberliegenden Altstädter Brückenturm gebaut und kann wie dieser bestiegen werden.

Klementinum ➡ E5
Mariánské náměstí 5
Staré Město
Metro A: Staroměstská
✆ 222 220 879
www.klementinum.com
1232 als Kloster von den Dominikanern erbaut, später von den Jesuiten übernommen und im 17. Jh. in Karl-Ferdinand-Universität umbenannt und umfunktioniert. Heute ist der zweitgrößte Prager Gebäudekomplex **Sitz der Staatsbibliothek** mit mehr als

6 Mio. Bänden. In der Spiegelkapelle finden fast täglich **klassische Konzerte** statt. Seit 1775 ist im Klementinum die **Wetterwarte** untergebracht. Turm und Bibliothek können im Rahmen einer Führung besichtigt werden.

Nationaltheater/ Národní divadlo ➡ F5
Ostrovní 1, Nové Město
Metro B: Národní třída
✆ 224 901 448
www.narodni-divadlo.cz
Prag verfügte Mitte des 19. Jh. bereits über das große Ständetheater und mehrere kleinere Bühnen, die jedoch allesamt auf Deutsch bespielt wurden. Eine eigene Bühne für die gerade wieder aufstrebende tschechische Sprache gab es bis dato nicht. Somit entstand in der Zeit der nationalen Wiedergeburt 1881 das Nationaltheater mithilfe von Spendengeldern aus der Bevölkerung. Nach Testvorstellungen brannte das Theater teilweise nieder und wurde nach dem Wiederaufbau zwei Jahre später mit Smetanas Oper »Libuše« feierlich eröffnet. Den Vorhang ziert die Aufschrift »Dem Volk selbst«. Die Prager nennen ihr prächtiges Nationaltheater im Neorenaissancestil gerne auch »Goldene Kuppel über der Moldau«.

Links daneben entstand zum 100-jährigen Jubiläum die **»Neue Szene«** (Nová scéna), in der u. a. die berühmte Laterna magika ihre Vorstellungen gibt.

Neue Welt/Nový Svět ➡ D2
Nový Svět, Hradčany
Tram 22: Pohořelec
Ein Juwel der Hradschiner Gässchen, eine nach Amerika benannte enge Straße, die nach der Samtenen Revolution vielen Künstlern zum Domizil wurde. Diese Gasse ist heute noch so leer, wie es das Goldene Gässchen früher einmal gewesen ist.

Neustädter Rathaus/ Novoměstská radnice ➡ F6
Karlovo náměstí 23
Nové Město
Metro B: Karlovo náměstí
✆ 224 948 229
www.nrpraha.cz
Ehemaliges Rathaus der Neustadt aus dem 14. Jh., in dem es 1419 zum **»Ersten Prager Fenstersturz«** kam: Zwei katholische Ratsherren wurden unter dem hussitischen Anführer Jan Želivský aus dem Fenster geworfen, wodurch die Hussitenkriege ausgelöst wurden. Seit Joseph II. 1784 die vier damals selbstständigen Prager Städte zu einer Großstadt Prag zusammenschloss, hat das Rathaus an Bedeutung verloren. Es wird heute als Standesamt und für administrative Aufgaben genutzt. Der Aufstieg über 221 Stufen zur Turmspitze wird durch einen tollen Ausblick belohnt.

Palais Buquoy/ Buquoyský palác ➡ E4
Velkopřevorské náměstí 2
Malá Strana
Tram 22: Hellichova
Nicht öffentlich zugänglich
Einer der vielen Paläste auf der Kleinseite, der 1719 ursprünglich für die Familie Thun erbaut wurde, und heute als **Sitz der französischen Botschaft** fungiert.

Berühmt ist die gegenüberstehende **John-Lennon-Mauer**. Das Konterfei des Sängers wurde noch zu Zeiten des Kommunismus als Symbol für die Freiheit aufgebracht und ständig von der Staatsmacht überpinselt. Gelegentlich wird die Wand neu bemalt und täglich von Touristen um mehr oder weniger sinnvolle Sprüche und Zeichnungen ergänzt.

Palais Czernin/ Černínský palác ➡ D2
Loretánské náměstí 5, Hradčany
Tram 22: Pohořelec
Nicht öffentlich zugänglich

Dieser größte der Prager Paläste dient seit 1934 als **Außenministerium**. Das 150 m breite Monumentalgebäude wurde nach italienischem Vorbild 1669 von dem Grafen von Černín in Auftrag gegeben. In den Wirren und Kriegen seit seiner Grundsteinlegung wurde es mehrfach beschädigt und umgebaut, zeitweise diente es gar als Kaserne. Hier stürzte mit Jan Masaryk 1948 der einzige nicht kommunistische Minister unter mysteriösen Umständen aus dem Fenster – der **»Dritte Prager Fenstersturz«** ebnete den Weg für den Sozialismus.

Palais Liechtenstein/ Lichtenštejnský palác ➡ D4
Malostranské náměstí 13
Malá Strana
Tram 22: Malostranské náměstí
✆ 257 535 568
1591 im Renaissancestil errichteter Palast, der 200 Jahre später eine klassizistische Fassade erhielt. Bis zur Samtenen Revolution war er Sitz der kommunistischen Parteihochschule, seitdem ist hier die **Prager Akademie der musischen Künste HAMU** untergebracht. So werden häufig interessante klassische Konzerte aufgeführt. Auf der Kampa-Halbinsel steht ein weiterer, allerdings nicht zugänglicher Palast der Liechtensteiner.

Palais Lobkowitz/ Lobkovický palác ➡ D4
Vlašská 19, Malá Strana
Tram 22: Malostranské náměstí
✆ 257 113 111, www.prag.diplo.de
Der **Sitz der Deutschen Botschaft** wurde international bekannt, als dort 1989 Tausende DDR-Bürger auf ihrem Weg in den Westen Zuflucht suchten. Der damalige Außenminister Hans-Dietrich Genscher verkündete nach zähen Verhandlungen am 30. Sept. 1989 im Garten des Palais, dass die Ausreise der mehr als 4000 Flüchtlinge möglich geworden war.

Das Denkmal des **Trabbi auf Beinen »Quo vadis«** von David Černý im Garten hinter dem Palais erinnert an die Ereignisse, ist jedoch heute nur noch eine Kopie, das Original steht in Leipzig.

Palais Nostitz/Nostický palác ➡ E4
Maltézské náměstí 1
Malá Strana, Tram 22: Hellichova
Nicht öffentlich zugänglich
Der Barockpalast aus dem Jahr 1660 mit beeindruckendem Rokokoportal besitzt eine Bibliothek mit rund 15 000 Bänden. Heute dient der Palast als **Sitz des Kulturministeriums**.

Palais Wallenstein/ Valdštejnský palác ➡ D4
Valdštejnské náměstí 4
Malá Strana
Metro A: Malostranská
General Albrecht von Waldstein, dem Schiller in seiner Tragödie »Wallenstein« ein Denkmal setzte, ließ diesen ersten Barockpalast der Stadt anno 1630 direkt unter der Prager Burg errichten, zog dort jedoch den Zorn der Krone auf sich. Heute tagt in dem prunkvollen Gebäude der tschechische Senat. Einen Besuch lohnt der **Wallenstein-Garten** zwischen Palais und Metrostation.

Street Art trifft Straßenmusik an der John-Lennon-Mauer

Pulverturm/Prašná brána ➧ E7
Náměstí Republiky, Staré Město
Metro B: Náměstí Republiky
✆ 221 714 714
www.prague.eu/prasnabrana
Neben dem einstigen Königshof entstand 1475 dieser gotische Turm als Teil der Stadtmauer zwischen Altstadt und Neustadt. Lange wurde hier Schießpulver gelagert, bis Josef Mocker 400 Jahre nach der Errichtung das neogotische Dach ergänzte. Wer die 186 Stufen nicht scheut, erlebt von oben eine tolle Aussicht auf das Prager Zentrum und kann auf halber Höhe die Ausstellung über realisierte und geplante Prager Türme besuchen.

Rudolfinum ➧ D5
Alšovo nábřeží 12, Staré Město
Metro A: Staroměstská
✆ 227 059 227
www.ceskafilharmonie.cz
Der auch als »Haus der Künstler« bezeichnete Monumentalbau von 1884 erhielt seinen Namen nach dem Sohn der Kaiserin Sisi. Heute dient das Gebäude vor allem der **Tschechischen Philharmonie**, die in einem der bedeutendsten Säle der Stadt aufspielt. Die **Galerie** zeigt wechselnde Gemäldeausstellungen. Im hauseigenen **Café** mit seinen hohen Decken bleibt die Zeit förmlich stehen.

Beliebt ist das Rudolfinum auch im Filmgeschäft. So stellt es in der »Liga der außergewöhnlichen Gentlemen« mit Sean Connery die Bank of England dar. Im Aufnahmesaal entstanden viele Tonaufnahmen für Filmmusik oder von internationalen Künstlern wie Sarah Brightman.

Sophiensaal/Žofín ➧ F5
Slovanský ostrov 226, Nové Město
Metro B: Národní třída
www.zofin.cz
Unweit des Nationaltheaters liegt die 2,2 ha große **Slaweninsel** (Slovanský ostrov), eine der acht Inseln im Moldauverlauf durch die Stadt, wo man bei gutem Wetter Tretboote mieten kann. Hier hielt man im Jahr 1848, zur Zeit der nationalen Wiedergeburt, den Slawenkongress ab. Auf der Insel entstand elf Jahre zuvor der prunkvolle Sophiensaal (Žofín), in dem schon die berühmtesten Komponisten und Kapellmeister von Berlioz über Liszt bis Wagner dirigierten. Die Tradition prunkvoller Bälle wird auch heute noch gelebt.

Staatsoper/Státní opera ➧ F7/8
Wilsonova 4, Nové Město
Metro A/C: Muzeum
✆ 224 901 448
www.narodni-divadlo.cz
Die 1888 als »Deutsches Theater« gegründete Staatsoper ergänzt das Musikangebot von Nationaltheater und Ständetheater auf hohem künstlerischen Niveau. Regelmäßig werden vor allem Wagner und Verdi aufgeführt.

Städtische Bibliothek/ Městská knihovna ➧ E6
Mariánské náměstí 1, Staré Město
Metro A: Staroměstská
✆ 222 113 555, www.mlp.cz
Eintritt frei
Die 1928 errichtete Stadtbibliothek in einem neoklassizistischen Gebäude gegenüber dem Prager Magistrat galt seinerzeit als eine der modernsten in Europa und wird noch heute gern von den belesenen Pragern aufgesucht.

Ständetheater/ Stavovské divadlo ➧ E6
Ovocný trh 1, Staré Město
Metro A/B: Můstek
✆ 224 901 448
www.narodni-divadlo.cz
Der erste steinerne Theaterbau im Moldautal inmitten der Altstadt begann seinen Spielbetrieb als »Gräflich Nostitzsches Nationaltheater« 1783 und erhielt vier Jahre später bereits weltweite Be-

Das »Tanzende Haus«

achtung durch die Uraufführung von Mozarts »Don Giovanni«. Noch heute wird hier vor allem Mozart aufgeführt, allerdings auch moderne Opern, Schauspiel und Ballett. Regisseur Miloš Forman durfte seinen Film »Amadeus« Mitte der 1980er Jahre am Originalschauplatz drehen.

Tanzendes Haus/
Tančící dům ➡ G5
Rašinovo nábřeží 80, Nové Město
Metro B: Karlovo náměstí
www.tancici-dum.cz
Öffentlich zugänglich sind nur Bar, Café und Restaurant
Modernes Verwaltungsgebäude der Nationalen Niederländischen Versicherung. Die Architekten Gehry und Milunič benannten den geraden Turm mit Melonenkuppel nach Fred Astaire und den geschwungenen aus Glas nach Ginger Rogers, sodass sich die Bezeichnung »Tanzendes Haus« schnell verbreitete. Eine einmalige **Aussicht** auf Prager Burg und Moldau erlaubt die angesagte **Glass Bar** in der Kuppel. Im Nachbarhaus wohnte jahrzehntelang Václav Havel.

Tower Park Praha ➡ F10
Mahlerový sady 1, Žižkov, Praha 3
Metro A: Jiřího z Poděbrad
✆ 210 320 086, www.towerpark.cz
Die Prager nennen den 1992 fertiggestellten Fernsehturm »Bajkonur« nach der berühmten Raketenabschussrampe in Kasachstan. Der Turm hat eine Höhe von 474 m über dem Meeresspiegel. Der Bau war nötig geworden, da der alte Fernmeldeturm auf dem Laurenziberg an den Rand seiner Kapazität gelangt war. Der Turm beherbergt ein Aussichtsrestaurant auf 66 m Höhe sowie das höchstgelegene Hotel mit nur einem Zimmer.

9 Vyšehrad ➡ J/K6
V pevnosti 5b, Vyšehrad
Praha 2
Metro C: Vyšehrad
✆ 261 225 304
www.praha-vysehrad.cz
Eintritt frei
Am südlichen Rand des Zentrums liegt das zweite große Burgareal Prags, die Vyšehrad (»hohe Burg«). Der Legende nach soll die Fürstin Libuše von hier aus die Gründung der Stadt vorausgesagt haben. Das frei zugängliche Areal nutzen eher die Einheimischen für einen Spaziergang. Sehenswert sind die neogotische **Kapitelkirche Peter und Paul**, der **Ehrenfriedhof**, auf dem vor allem Künstler und andere bedeutende Persönlichkeiten der Nation beerdigt sind, sowie die gut 1000 Jahre alte romanische **Martinsrotunde**. ■

Übernachten
Hotels, Hostels

Die Prager Hotellerie hat in den vergangenen zwei Jahrzehnten riesige Sprünge nach vorne gemacht und ist im Preisniveau anderen europäischen Metropolen ebenbürtig. Trotzdem findet sich praktisch für jeden Geldbeutel die passende Unterkunft. Viele Hotels entstanden durch Restitution klassischer Gebäude an die Nachfolgegenerationen nach der Samtenen Revolution. Die neuen Besitzer ließen statt Mietshäusern lieber Hotels entstehen. Ein Hotel im Zentrum zu wählen ist praktisch, da man so die zentralen Sehenswürdigkeiten zu Fuß erreicht.

Die folgenden Preiskategorien beziehen sich auf eine Übernachtung im Doppelzimmer für zwei Personen. Rechtzeitige Buchung ist in Prag nötig, weil die Hotels in der Hauptsaison gut ausgelastet sind. Tipp: Im März, Juli und August sind die Preise häufig niedriger.

€	– bis 60 Euro
€€	– 60 bis 100 Euro
€€€	– 100 bis 150 Euro
€€€€	– 150 bis 200 Euro
€€€€€	– über 200 Euro

Hotels

The Augustine ➡ D4
Letenská 12, Malá Strana
Metro A: Malostranská
✆ 266 112 233
www.augustinehotel.com
Das Spitzenhotel auf der Kleinseite entstand durch die Verbindung eines Klosters mit sechs weiteren, teilweise historischen Gebäuden. Es punktet durch ruhige Atmosphäre, Wellness mit Hamam und eigenem Zugang in den Wallenstein-Garten. €€€€€

Das Jugendstil-Hotel Paříž

Hinter einer Neorenaissance-Fassade: das Kings Court am Platz der Republik

Paříž ➡ D7
U Obecního domu 1, Staré Město
Metro B: Náměstí Republiky
✆ 222 195 195, www.hotel-paris.cz
Prächtiges Jugendstil-Hotel hinter dem Gemeindehaus mit aufwendig gestalteten Räumen und dem vornehmen Restaurant »Sarah Bernhardt«. €€€€€

Kings Court ➡ D7
U Obecního domu 3, Staré Město
Metro B: Náměstí Republiky
✆ 224 222 888
www.hotelkingscourt.cz
Renoviertes Luxushotel hinter einer Neorenaissance-Fassade am Platz der Republik zwischen Gemeindehaus und Einkaufszentrum Palladium mit gutem Restaurant. €€€€–€€€€€

Grandium ➡ F7
Politických vězňů 12
Nové Město, Metro A/C: Muzeum
✆ 234 100 100
www.hotel-grandium.cz
Ganz in Grün gehaltenes Designhotel mit viel Platz in einer Nebengasse vom Wenzelsplatz mit mediterranem Pasta-Restaurant am luftigen Sommergarten. €€€€

The Icon Hotel & Lounge ➡ F7
V Jámě 6, Nové Město
Metro A/B: Můstek
✆ 221 634 100, www.iconhotel.eu
Kleines Designhotel in einer ruhigen Gasse nahe des Wenzelsplatzes. Auf den Betten des schwedischen Herstellers Hästens schläft es sich königlich. €€€€

K+K Central ➡ E7
Hybernská 10, Nové Město
Metro B: Náměstí Republiky
✆ 225 022 000, www.kkhotels.com
Eine herrlich restaurierte Jugendstilfassade, ein original erhaltener Fahrstuhl sowie die moderne Einrichtung ergeben eine tolle Mischung von Alt und Neu. €€€€

Le Palais ➡ H8
U Zvonařky 1, Vinohrady, Praha 2
Metro C: I.P. Pavlova
✆ 234 634 111
www.lepalaishotel.eu
Kleines Luxushotel im Stil der Belle Époque im Stadtteil Weinberge mit toller Aussicht und hübschen Räumen, die einst der Maler Luděk Marold bewohnte und gestaltete. €€€€

Riverside Hotel ➡ G5
Janáčkovo nábřeží 15
Smíchov, Praha 5, Metro B: Anděl
✆ 225 994 611
www.mamaisonriverside.com
Elegantes Boutiquehotel in klassischem Stil am Moldauufer mit tollem Blick auf Karlsbrücke, Prager Burg und Nationaltheater. €€€€

Majestic Plaza ➡ F7
Štěpánská 33, Nové Město
Metro A/B: Můstek
✆ 221 486 100
www.hotel-majestic.cz
Die elegante Eingangshalle im Stil des Art déco macht dem Namen des Hotels Majestic alle Ehre. Dank angemessenen Preisen und der Nähe zum Wenzelsplatz eine gute Wahl. €€€–€€€€

Adalbert ➡ westl. E1
Markétská 28, Břevnov, Praha 6
Tram 15/22/25: Břevnovský klášter
✆ 220 406 170
www.hoteladalbert.cz
Im Areal des Břevnovklosters liegt das einzige tschechische Hotel mit dem Ökolabel der EU. Die Klosterschenke ist ein Hit. €€€

Metropolitan Old Town Hotel ➡ D7
Haštalská 20, Staré Město
Metro B: Náměstí Republiky
✆ 222 313 731
www.hotelmetropolitan.cz
Günstiges Mittelklassehotel mit verschiedenen Zimmergrößen im ruhigen Teil der Altstadt gleich hinter dem bekannten Musikclub Roxy. €€€

Moods ➡ D7
Klimentská 28, Nové Město
Metro B: Florenc
✆ 222 330 100
www.hotelmoods.com
Modernes und bezahlbares Design-Boutique-Hotel mit Betten von Hästens, Hightech-Ausrüstung von Bose und Apple sowie Massage-Service. €€€

Rott ➡ E6
Malé náměstí 4, Staré Město
Metro A: Staroměstská
✆ 739 539 281
www.hotelrott.cz
Angenehmes Stadthotel hinter der auffallenden Fassade von Mikolaš Aleš mit idealer Lage um die Ecke vom Altstädter Ring und großen, häufig preisgünstigen Zimmern. €€€

Theatrino ➡ E10
Bořivojova 53, Praha 3
Tram 5/9/26: Lipanská
✆ 227 031 894
www.hoteltheatrino.cz
Designhotel in denkmalgeschütztem Prachtgebäude im trendigen Arbeiterviertel Žižkov. Das Restaurant befindet sich in einem einstigen Theatersaal. €€–€€€

Atos ➡ F4
Mělnická 13, Malá Strana
Praha 5
Metro B: Anděl
✆ 251 512 890
www.hotelatos.cz

Im Areal des Břevnovklosters liegt das Hotel Adalbert

Botel Matylda, das Schiffhotel am Ufer der Moldau

Gutes Mittelklassehotel hinter alten Mauern mit schönen Räumen und kurzem Fußweg zur Karlsbrücke. €€

Botel Matylda ➡ G5
Masarykovo nábřeží
Nové Město
Metro B: Karlovo náměstí
✆ 222 511 826
www.botelmatylda.cz
Schlafen direkt auf der Moldau ermöglicht dieses niedliche Schiffhotel mit guter Küche in rustikal gestaltetem Bordrestaurant. €€

Artharmony ➡ G6
Ječná 12, Praha 2
Metro B: Karlovo náměstí
✆ 222 542 931
www.artharmony.cz
Die erfrischend ungewöhnliche Pension ist als Oase der Ruhe und Harmonie mit Naturelementen gestaltet. Das Haus zieht vor allem esoterisch und spirituell interessierte Menschen an. €–€€

U sv. Kryštofa ➡ östl. G13
Záběhlická 72, Záběhlice
Praha 10
Bus 188: V Korytech
✆ 272 769 371, www.krystof.cz
Gemütliche Pension in einem alten Herrenhaus in ruhigem Quartier mit Familienatmosphäre. €

Hostels

Hostel Little Quarter ➡ D4
Nerudova 21
Malá Strana
Tram 22: Malostranské náměstí
✆ 257 212 029
www.littlequarter.com
Günstige Unterkunft mit Doppelzimmern oder Dormitories nur ein paar Schritte unterhalb der Prager Burg. €–€€

Hostel Franz Kafka ➡ D6
Kaprova 13
Josefov
Metro A: Staroměstská
✆ 776 790 049
www.hostelfranzkafka.com
Sympathisches Hostel mit Doppel- und Mehrbettzimmern in frischen Farben im jüdischen Viertel. Mit thematischem Bezug zum Schriftsteller Franz Kafka. € ■

Essen und Trinken
Restaurants, Bierstuben, Kaffeehäuser, Teestuben

Die Prager Gastronomie hat sich in den letzten zwei Jahrzehnten um Klassen verbessert. Zwar beherrscht noch immer die schwere böhmische Küche die Speisekarten, aber immer mehr Restaurants bieten auch leichte französische oder italienische Gerichte an.

Bier *(pivo)* wird in Prag eigentlich immer getrunken – in manchen Kneipen schon am Vormittag. Man unterscheidet helles *(světlé)* und dunkles *(černé, tmavé)* Bier. Besonders interessant ist das seltene geschnittene Bier *(řezané):* halb hell, halb dunkel. Die Gradangaben beziehen sich nicht auf den Alkoholgehalt, sondern auf den Anteil der Stammwürze. Das leichte Schankbier (10°) hat drei bis vier Prozent Alkohol, das Lagerbier (12°) fünf Prozent. Die schweren Sorten (13°) sind mit den deutschen Bockbieren vergleichbar. Die berühmtesten Marken sind das würzige Pilsner Urquell *(Plzeňský Prazdroj),* das spritzige Budweiser (Budvar) und das kaiserliche Bier aus Krušovice.

Nachstehend eine Auswahl von Restaurants verschiedener Geschmacksrichtungen. Die Preiskategorien beziehen sich jeweils auf ein Hauptgericht ohne Getränke. Die Restaurants sind nach ihrer Küche und darunter zunächst nach Kategorie (absteigend) und danach alphabetisch sortiert.

€ – untere Preislage Kč 200 (etwa 8 Euro)
€€ – mittlere Preislage Kč 200 bis 400 (etwa 8 bis 16 Euro)
€€€ – obere Preisklasse über Kč 400 (etwa 16 Euro)

Restaurants

Böhmische und internationale Küche:

Villa Richter ➡ D4
Staré zámecké schody 6
Hradčany, Metro A: Malostranská
✆ 702 282 402
www.villarichter.cz
Gleich drei stilvolle Restaurants in der Villa Richter auf dem Weinberg des hl. Wenzel mit toller Aussicht vom Glashaus und luftiger Terrasse. Beliebt für Hochzeitsfeiern. €€€

Zem ➡ E7
Senovážné náměstí 31
Nové Město
Metro A/B: Můstek
✆ 227 344 900
www.zemprague.cz
Avantgarde-Restaurant mit tschechischen und japanischen Einflüssen in Küche und Design. Das angesagte Bistro vermischt die historische Kaffeehauskultur mit einer Schauküche. €€–€€€

Deminka ➡ G8
Škrétova 1, Vinohrady
Praha 2, Metro C: Muzeum
✆ 224 224 915
www.deminka.com
Aus dem 1896 eröffneten, traditionellen Kaffeehaus wurde ein eindrucksvolles Restaurant mit spürbar tschechischem Herzen: hohe Decken, fulminante Pilsner-

Urquell-Bar und eine Speisekarte, deren böhmischer Einschlag um internationale Gerichte ergänzt wurde. €€

Mincovna/Münzhaus ➡ E6
Staroměstské náměstí 7
Staré Město
Metro A: Staroměstská
✆ 727 955 669
www.restauracemincovna.cz
Das zweistöckige Restaurant in einer einstigen Münzprägerei direkt am Altstädter Ring beweist, dass gute böhmische Küche zu angemessenen Preisen und mit einem freundlichen Service auch in dieser Lage möglich ist. €€

Století/Jahrhundert ➡ E5
Karoliny Světlé 21, Staré Město
Metro A: Staroměstská
✆ 222 220 008
www.stoleti.cz
Dieses Restaurant einer böhmischen Adelsfamilie benennt seine wenigen, aber sehr gelungenen Gerichte nach berühmten Stars wie Louis Armstrong oder Ernest Hemingway. €€

Französische Küche:

Blue Wagon ➡ G8
Uruguayská 19
Vinohrady, Praha 2
Metro A: Náměstí Míru
✆ 222 561 378
www.bluewagon.cz
Modern angehauchte französische Küche in luftigem Design im Residenzviertel Weinberge unweit vom Wenzelsplatz. €€€

Café de Paris ➡ E4
Maltézské Náměstí 4
Malá Strana
Tram 22: Hellichova
✆ 603 160 718
www.cafedeparis.cz
Das Originalrestaurant in Genf machte die gleichnamige Soße im Jahre 1942 weltberühmt und serviert bis heute nur ein Gericht. Der kreative Prager Gastronom Pavel Culek begeistert mit seinem Entrecôte nach fast identischem Rezept und mit persönlichem Service. Daneben gibt es hier – anders als in Genf – noch weitere Speisen. €€–€€€

Idyllische Terrassenlokale finden sich an der Čertovka, einem Seitenkanal der Moldau, der die Kampa von der Kleinseite trennt

Klassische tschechische Biermarke: Budweiser

La Gare ➡ D7
V Celnici 3, Nové Město
Metro B: Náměstí Republiky
✆ 222 313 712
www.lagare.cz
Der Name bezieht sich den nahe gelegenen Masaryk-Bahnhof. Das Lokal serviert gediegene französische Brasserieküche mit elsässischen und belgischen Spezialitäten. Das eigene Delikatessengeschäft führt exklusive Käsesorten, Wurstwaren und erlesene Weine. €€–€€€

Pizza und Pasta:

Kogo ➡ E6
Havelská 27, Staré Město
Metro A/B: Můstek
✆ 224 214 543
www.kogohavelska.cz
Beim Gallusmarkt in der Altstadt serviert dieses unscheinbare Restaurant seit mehr als 20 Jahren mediterrane Küche der Extraklasse in modernem Design. €€–€€€

Cicala ➡ G7
Žitná 43, Nové Město
Metro C: I.P. Pavlova
✆ 222 210 375
www.trattoria.cz
Äußerlich unscheinbare Trattoria in der Neustadt. Innen eröffnet sich ein Eldorado für Liebhaber italienischer Küche. Die vielen Fotos berühmter internationaler Schauspieler zeigen das Interesse des Eigentümers fürs Filmgeschäft. €€

Ingarden ➡ F7
Politických vězňů 12
Nové Město
Metro A/B: Můstek
✆ 234 100 110
www.ingardenrestaurant.cz
Hervorragend zubereitete und aufwendig präsentierte Nudelgerichte aus aller Welt serviert das modern gestaltete Restaurant im Designhotel Grandium. €€

Spezialitäten:

Miyabi ➡ F6
Navrátilova 10, Nové Město
Metro B: Karlovo náměstí
✆ 296 233 102, www.miyabi.cz
Im hinteren Teil des stilvollen japanischen Restaurants sitzt man an niedrigen Tischen auf einem Rattanboden. Die oftmals exotisch anmutenden Gerichte werden von der hilfsbereiten Bedienung erklärt. Sie sind ausgesprochen lecker. €€€

La Casa Argentina ➡ D7
Dlouhá 35, Staré Město
Metro B: Náměstí Republiky
✆ 602 360 060
www.lacasaargentina.cz
Zwar führen viele Restaurants Steaks auf ihrer Speisekarte, aber ein Steak aus Argentinien ist schon etwas Besonderes. Bei Casa Argentina am Rande der Altstadt gibt es zur großen Auswahl von Fleischsorten und Zubereitungsarten auch das passende südamerikanische Flair. €€

Jaffa ➡ E7
Na Příkopě 23, Staré Město
Metro B: Náměstí Republiky
✆ 726 262 202
www.jaffa-restaurant.cz

Exzellente orientalische Küche in einer versteckten Passage mit vielfältigem Angebot – von Mezze bis zu Grillgerichten. €€

The Sushi Bar ➡ F4
Zborovská 49
Malá Strana, Praha 5
Tram 22: Újezd
✆ 603 244 882, www.sushi.cz
Die erste Sushibar Tschechiens lockt mit modernem Design überwiegend einheimische Gäste an. Neben klassischem Sushi gibt es auch Fischgerichte und andere japanische Speisen. €€

Vegetarisch:

Lehká hlava/Leichter Kopf ➡ E5
Boršov 2, Staré Město
Metro A: Staroměstská
✆ 222 220 665
www.lehkahlava.cz
Das günstige vegetarische Restaurant in auffallendem Blau und Orange ist ein Insidertipp. Am Sonntag auch Brunch. €

Bierstuben (pivnice)

The PUB ➡ E5
Veleslavínova 3, Staré Město
Metro A. Staroměstská
✆ 222 312 296, www.thepub.cz
Der Traum vieler Prag-Besucher, die gerne mit dem tschechischen Bierkonsum von 162 Litern pro Person und Jahr mithalten wollen: In dieser Bierstube wird unpasteurisiertes Pilsner Urquell selbst gezapft. Ein Mordsspaß für Liebhaber des berühmten Gerstensafts, besonders mit mehreren zusammen. €€

U Fleků/Bei Fleck ➡ F5
Křemencova 11, Nové Město
Metro B: Karlovo náměstí
✆ 224 934 019
www.ufleku.cz
Berühmteste und älteste Prager Bierstube von 1499. Das hausgebraute dunkle Bier schmeckt nach Karamell und hat 13% Stammwürze. Wegen stark überzogenen Preisen, besonders beim Essen, reicht der Genuss eines Bieres an historischer Stelle. €€

U Pinkasů/Bei Pinkas ➡ E6
Jungmannovo náměstí 15
Nové Město
Metro A/B: Můstek
✆ 221 111 152
www.upinkasu.cz
Von dieser historischen Bierstube aus wurde das Pilsner Urquell weltberühmt, als eben Herr Pinkas die damals noch unbekannte Sorte aus Pilsen importierte. €€

Baráčnická rychta ➡ E3/4
Tržiště 23, Malá Strana
Tram 22: Pohořelec
✆ 257 286 083
www.baracnickarychta.cz
In einer versteckten Gasse parallel zum Trampelpfad zur Prager Burg serviert diese Bierstube günstige Gerichte zum Bier und bietet gelegentlich Livemusik. €

U Jindřišské věže/ Zum Heinrichsturm ➡ E7
Jindřišská 26, Nové Město
Metro A/B: Můstek
✆ 724 545 642, www.u-veze.cz
Der »Heinrichsturm« ist der beste Beweis für die lebendige Bierkneipenkultur. Sehr sauber und mit interessanten Bildern wohnlich eingerichtet. €

U zlatého tygra/ Zum goldenen Tiger ➡ E6
Husova 17, Staré Město
Metro A: Staroměstská
✆ 222 221 111
www.uzlatehotygra.cz
Der urgemütliche Tiger war die Stammkneipe des inzwischen verstorbenen Schriftstellers Bohumil Hrabal. Die mit der Lehne an die massiven Holztische gekippten Stühle sind für Stammgäste reserviert. €

Kaffeehäuser (kavárny)

Café Imperial ➡ D7
Na Poříčí 15, Nové Město
Metro B: Náměstí Republiky
✆ 246 011 440
www.cafeimperial.cz
Das im alten Glanz wiedereröffnete Kaffeehaus im Hotel Imperial besticht durch seine hohen Decken und Wände sowie Säulen aus Fliesen im Kolonialstil. Ein Tipp: die Suppe »kulajda« mit Dill und Ei. €€€

Louvre ➡ F6
Národní 20, Nové Město
Metro B: Národní třída
✆ 224 930 949, www.cafelouvre.cz
Das traditionelle Kaffeehaus an der Nationalstraße zählte bereits Einstein und Kafka zu seinen Gästen. Bei den Einheimischen auch deshalb beliebt, weil es die einstige Billardtradition wieder aufleben ließ. Lohnenswert für ein gutes Frühstück und einen günstigen Mittagstisch. Mit separatem Nichtraucherraum. €€

2 Obecní dům/Gemeindehaus ➡ D/E7
Náměstí Republiky 5
Staré Město
Metro B: Náměstí Republiky
✆ 222 002 763
www.kavarnaod.cz
Das Musterbeispiel der Prager Kaffeehäuser, das durchaus mit Wien mithalten kann, überzeugt mit prachtvollem Jugendstilinterieur, Untermalung durch Klaviermusik oder durch eine Jazzkapelle sowie einem verführerischen Tortenwagen. €€

Savoy ➡ F4
Vítězná 5, Malá Strana, Praha 5
Tram 22: Újezd
✆ 731 136 144
cafesavoy.ambi.cz
Eines der ältesten Prager Kaffeehäuser mit klassizistischer Stuckdecke in mehr als 4 m Höhe und einer riesigen Weinauswahl an der rechten Wand. Reichhaltiges Frühstück und kleinere Mahlzeiten. Ein guter Tipp sind die Suppen. €€

Apfelstrudel

Wir schreiben das Jahr 1526. Ganz Wien ist von Türken unter der Führung von Sultan Süleyman belagert, doch niemand kann die Stadt einnehmen. Einzig der uns wohl bekannten, aus Blätterteig mit gehackten Nüssen oder Mandeln gebackenen Süßspeise »Baklava« gelingt es, die Stadt für sich zu erobern.

Aus Baklava entstand Jahre später der Strudel, dessen bekanntester Vertreter mit Äpfeln gefüllt wird. Der Teig sollte so dünn ausgerollt werden, dass man eine darunter gelegte Zeitung noch lesen kann. Heute wird der Strudel in Wien vor allem warm mit Vanillesoße oder mit Eis serviert.

Auch die meisten Prager Kaffees servieren ihn als Dessert, meist korrekt als *závin* bezeichnet, manchmal wird eingedeutscht *štrůdl* geschrieben. Die Preise reichen von 25 Kronen für einen puren, aber guten Strudel ohne Schlagrahm und Eis bis zu dem sensationellen, aber mit 295 Kronen mehr als zehnmal so teuren Gebäck mit gerösteten Brandy-Äpfeln und Crème anglaise.

Ein ausgewogenes Preis-Leistungs-Verhältnis bietet das »Grand Café Orient«: Neben dem normalen Apfelstrudel zu 45 Kronen wird gern die erweiterte Variante mit Karamellsoße und Vanilleeis zu 95 Kronen serviert. Diese Strudel bieten eine leckere Mischung aus Apfelscheiben und Rosinen als Füllung, statt des in vielen anderen Lokalen gebotenen Apfelmatsches.

Musterbeispiel der Prager Kaffeehäuser: Obecní dům

Slavia ➡ F5
Smetanovo nábřeží 2
Staré Město
Metro B: Národní třída
✆ 224 218 493, www.cafeslavia.cz
Berühmtes Literatencafé der 1930er Jahre, in dem einst in der charakteristischen verräucherten Atmosphäre alter Kaffeehäuser der Untergrund tagte. Bei gutem Kaffee und günstigen Leckereien kann man wunderbar den Tag anhalten, eine Zeitung lesen und ganz einfach entspannen. €€

Grand Café Orient ➡ E7
Ovocný trh 19
Staré Město
Metro B: Náměstí Republiky
✆ 224 224 240
www.grandcafeorient.cz
Das einzige kubistische Café der Welt hat nach einer fast 80-jährigen Pause wieder seine Pforten geöffnet. Architekt Josef Gočár schuf im ersten Stock des Hauses »Zur schwarzen Mutter Gottes« einen Traum von Kaffeehaus, stilistisch zwischen Jugendstil und Art déco. Leckerer Apfelstrudel; regelmäßig Pianomusik. €

Teestuben (čajovny)

Dobrá čajovna/Gute Teestube ➡ F7
Václavské náměstí 14
Nové Město, Metro A/B: Můstek
✆ 224 231 480, www.tea.cz
Teestuben sind in Prag recht versteckt wie auch diese in einem Hinterhof des Wenzelsplatzes. Sie vermittelt nicht nur eine einmalige Atmosphäre, es riecht auch angenehm. Hier sollte man auf jeden Fall das Handy ausschalten, denn eine Teestube verspricht meditative Ruhe, mit nur leichter Musikuntermalung. In der Guten Teestube sind erlesene Teesorten auch zum Mitnehmen lose erhältlich. €

Siva ➡ D6
Masná 8
Staré Město
Metro B: Náměstí Republiky
✆ 222 315 983, www.cajiky.cz
Nette arabisch angehauchte Teestube auf zwei Etagen in einem ruhigen Fleckchen der Altstadt mit mehr als 100 Teesorten sowie Wasserpfeife. € ■

Nightlife
Bars und Lounges, Clubs und Diskotheken, Jazzclubs, Kasino

Prag bietet seit jeher ein außerordentlich abwechslungsreiches Nachtleben. So zeigt sich der **Wenzelsplatz** nach Mitternacht in einem ganz anderen, erotisch angehauchten Licht mit vielen Clubs und Discos. In den Nebengassen rund um den **Altstädter Ring** ist eine Reihe toller Bars zu finden. Und die Stadt ist auch für ihre aktive **Jazzszene** international bekannt. Einige der einheimischen Nachtschwärmer bevorzugen die Clubs am Rande des Zentrums in den Stadtteilen Prag 7 und 8.

Aktuelle Infos mit Adressen und Hinweisen zu Konzerten, Clubs und Highlights aller Art stehen in den **Veranstaltungsmagazinen** »Houser«, »Metropol« und »Zoom«, die in Cafés, Kneipen und Geschäften ausliegen. Die meisten Restaurants und Bierstuben sind nur bis Mitternacht geöffnet, danach ziehen Bars, Clubs und Discos sowie Kasinos die Nachtschwärmer an.

Bars und Lounges

Aloha Wave Lounge ➡ D6
Dušní 11, Josefov
Metro A: Staroměstská
✆ 602 251 392
www.alohapraha.cz
Sympathische Café- und Cocktailbar, deren Einrichtung optisch an das Hawaii der 1950er Jahre erinnert. Oben serviert das Café Snacks, unten geht bei wechselndem Programm die Post ab.

Bar and Books ➡ D6
Týnská 19, Staré Město
Metro A/B: Můstek
✆ 224 815 122
www.barandbooks.cz
Elegante Bar, wie die Dependance in Manhattan: mit gutem Whiskey, leckeren Cocktails und feinen Zigarren. Geschmackvolles Interieur mit viel Rot und Braun.

Bed Lounge ➡ D6
Dlouhá 2, Staré Město
Metro A/B: Můstek
✆ 222 314 358
www.bedlounge.cz
In der Lounge mit weißen Riesenbetten statt Stühlen und Tischen trifft man sich mit Freunden in lockerer Atmosphäre. Mit mehr als 60 verschiedenen Cocktails auf der Karte und einer kreativen Küche kann man es sich auf den Betten lange gemütlich machen.

Buddha-Bar ➡ D7
Jakubská 8, Staré Město
Metro B: Náměstí Republiky
✆ 221 776 400
www.buddha-bar.cz
In dem Prager Ableger der legendären Pariser Buddha-Bar finden bis zu 250 Personen auf zwei Etagen eine Mischung aus Lounge, Bar und Restaurant. Das Untergeschoss dominiert eine gigantische Buddha-Statue, auf den Teller kommt eine moderne Mischung aus Asien und Pazifik, in gemütlichen Ecken und intimen Nischen nippen die Gäste ihre Cocktails.

Cloud 9 Sky Bar & Lounge ➡ D8
Pobřežní 1, Karlín, Praha 8
Metro B/C: Florenc
✆ 224 842 999
www.cloud9.cz
Oben in der 9. Etage des Hotel Hilton bietet die erste »Sky Bar« eine tolle Aussicht auf das nächtliche Prag sowie gut gemixte Cocktails und eine innovative Küche.

Gulden Draak Bierhuis ➡ D7
Soukenická 34
Nové Město
Metro B: Náměstí Republiky
✆ 724 105 800
www.guldendraak.cz
Hier werden für Liebhaber deftigen Gerstensaftes starke belgische Biere bis 22 Grad Stammwürze ausgeschenkt, mit Degustationsmenü. Das Interieur ist mit viel Glas gestaltet.

James Dean ➡ D6
V Kolkovně 1, Staré Město
Metro A: Staroměstská
✆ 606 979 797
www.jamesdean.cz
Ein Fixpunkt im Altstädter Nachtleben: amerikanische Burger im knallbunten Erdgeschoss und Party bis in die Nacht ganz unten. Anziehungspunkt für die Einheimischen, noch nicht so touristisch.

James Joyce ➡ D6
U Obecního dvora 4
Staré Město
Metro B: Náměstí Republiky
✆ 224 818 851
www.jamesjoyceprague.cz
Gemütliche irische Bar mit offenem Kamin in einem versteckten Bereich der Altstadt. Guinness und Baileys in der Tradition von James Joyce und Molly Malone.

Clubs und Diskotheken

Cross Club ➡ A9
Plynární 23, Holešovice, Praha 7
Metro C: Nádraží Holešovice
✆ 736 535 010, www.crossclub.cz

Nächtliches Feuerwerk über Prag an der St.-Veits-Kathedrale

Vor dem Palác Akropolis, einem beliebten Kulturzentrum und Rock Club im Stadtviertel Žižkov

Futuristisch anmutender Club mit alternativen Stilen der Electronic Dance Music für die junge Generation, dazu gibt es Theater, Autorenlesungen und ein Café.

Dejavu ➡ D7
Jakubská 6, Staré Město
Metro B: Náměstí Republiky
✆ 222 311 743
www.dejavuclub.cz
Coole Cocktailbar mit langer Happy Hour und Club im Untergeschoss mit Mainstream Dance Music und Live DJs.

Karlovy lázně ➡ E5
Novotného lávka 13
Staré Město
Metro A: Staroměstská
✆ 222 220 502
www.karlovylazne.cz
Fünf Clubs in der einstigen Badeanstalt direkt an der Karlsbrücke für nur einen Preis. Insgesamt können 2500 Personen im ganzen Komplex abfeiern. Berühmtester Gast war Bruce Willis, der während seiner Filmaufnahmen in Prag täglich hier einkehrte.

Klub Lávka ➡ E5
Novotného lávka 1, Staré Město
Metro A: Staroměstská
✆ 221 082 288
www.lavka.cz
Besonders romantisch im Sommer mit einer Tanzfläche draußen direkt am Moldauufer. Neben der Disco gehören auch ein Restaurant und ein kleines Theater zum Klub Lávka.

Nebe ➡ F7
Václavské náměstí 56
Nové Město, Metro A/C: Muzeum
✆ 608 129 535
www.nebepraha.cz
Beliebter Musikclub auf zwei Etagen mit Cocktailbar und allerlei Sternen an der Decke, denn »Nebe« bedeutet »Himmel« – und so fühlt sich die Jugend hier besonders zu späten Stunden wohl.

Radost FX ➡ G7
Bělehradská 120
Vinohrady, Praha 2
Metro C: I.P. Pavlova
✆ 224 254 776, www.radostfx.cz

Im längst legendären Prager Musikclub legen angesagte DJs auf; häufig Livemusik und Events. Beliebt ist das vegetarische Café im Erdgeschoss.

Roxy ➡ D6
Dlouhá 33, Staré Město
Metro B: Náměstí Republiky
✆ 224 826 296
www.roxy.cz
Beliebter Music Club mit Liveband und DJs von Rock bis Alternative.

SaSaZu ➡ B9
Bubenské nábřeží 13
Holešovice, Praha 7
Metro C: Vltavská
✆ 284 097 455, www.sasazu.com
Ein wahrlich leuchtender Stern des Prager Nachtlebens in einer einstigen Markthalle. Riesige Tanzfläche und gelegentliche Konzerte internationaler Top Acts. Die leckere Asia-Fusion-Küche wurde 2010 mit dem »Bib Gourmand Award« von Michelin ausgezeichnet.

Jazzclubs

AghaRTA Jazz Centrum ➡ E6
Železná 16, Staré Město
Metro A/B: Můstek
✆ 222 211 275
www.agharta.cz
Häufig Konzerte. Für viele ist Agharta der beste moderne Jazzclub der Stadt. Manchmal veranstaltet Agharta auch Events mit internationalen Jazzmusikern von Weltrang an größeren Veranstaltungsorten.

Reduta ➡ F6
Národní 20, Nové Město
Metro B: Národní třída
✆ 737 773 343
www.redutajazzclub.cz
Berühmtester Prager Jazzclub mit langer Tradition: 1958 gegründet und noch immer eine Talentbörse. 1994 spielte Bill Clinton hier auf dem Saxofon.

U malého Glena/ Beim kleinen Glenn ➡ E4
Karmelitská 23, Malá Strana
Tram 22: Malostranské náměstí
✆ 257 531 717
www.malyglen.cz
Moderner Live-Jazz von lokalen Bands aller Stilrichtungen in einem alten Keller auf der Kleinseite. Das kleine Café im Erdgeschoss serviert Snacks und Brunch.

Kasino

Casino Ambassador ➡ E7
Václavské náměstí 5
Nové Město
Metro A/B: Můstek
✆ 224 193 681
www.vipcasinoprague.com
Nonstop-Betrieb im Hotel Ambassador am unteren Wenzelsplatz. ■

Edel abtanzen im SaSaZu

Kultur und Unterhaltung
Theater, Konzerte, Musicals, Laterna magika, Kinos, Deutschsprachiges

Prag ist für seine vielfältigen Theateraufführungen und klassischen Konzerte bekannt. Das berühmte **Musikfestival »Prager Frühling«** (www.festival.cz) beginnt jährlich am 12. Mai im Smetana-Saal des Gemeindehauses. Auch das deutschsprachige Theater hat sein eigenes Festival, das jährlich Ende Oktober im Theater auf den Weinbergen begangen wird (www.theater.cz). Aus Prag stammt das spezielle Genre des **Schwarzlichttheaters**.

Kino macht in Prag auch Touristen Spaß: Die meisten Filme laufen in der Originalsprache und sind tschechisch untertitelt. Viele internationale Streifen von »Amadeus« über »Casino Royale« bis »xXx – Triple X« wurden in Prag-Barrandov gedreht, den größten Filmstudios Europas.

Tickets

Prague Ticket Office
✆ 601 333 626
www.pragueticketoffice.com
Spezialisiert auf Theater und Musikveranstaltungen, inzwischen nur noch online mit E-Ticket auf dem Smartphone für die meisten Veranstaltungen.

Ticketmaster ➡ E6
Rytířská 12, Staré Město
Metro A/B: Můstek
✆ 234 704 234, www.ticketmaster.cz
Weitere Filialen im Altstädter Rathaus und in größeren Hotels.

Theater

Divadlo Metro ➡ F6
Národní 25, Metro-Passage
Staré Město, Metro B: Národní třída
✆ 221 085 201
www.divadlometro.cz
Das kleine Theater war das einzige seiner Art mit Eintrag im Patentamt für Schwarzlicht-Theater, eine Kombination von schwarzem Licht, farbigen Effekten und gesellschaftskritischer Pantomime. Seit der Renovierung Anfang 2022 liegt der Fokus jedoch auf tschechischem Schauspiel.

Nationaltheater/
Národní divadlo ➡ F5
Národni 2
Nové Město
Metro B: Národní třída
✆ 224 901 448
www.narodni-divadlo.cz
Vgl. S. 46.

Staatsoper Prag/
Státní opera Praha ➡ F8
Wilsonova 4, Nové Město
Metro A/C: Muzeum
✆ 224 901 448
www.narodni-divadlo.cz
Vgl. S. 48.

Ständetheater/
Stavovské divadlo ➡ E6
Ovocný trh 1, Staré Město
Metro A/B: Můstek
✆ 224 901 448
www.narodni-divadlo.cz
Vgl. S. 48 f.

Theater auf den Weinbergen/
Divadlo na Vinohradech ➡ G8
Náměstí Míru 7, Vinohrady
Praha 2
Metro A: Náměstí Míru
✆ 800 900 888
www.divadlonavinohradech.com
Seit 100 Jahren zählt das Haus zu den großen Theatern der Stadt, auch wenn es eher selten

Monumentalbau im Stil der Neorenaissance: das Rudolfinum

von Touristen aufgesucht wird. Häufig steht Schauspiel auf dem Spielplan, u. a. findet hier jährlich Ende Oktober das deutsche Theaterfestival statt.

Konzerte

2 Gemeindehaus/Obecní dům ➡ D/E7
Náměstí Republiky 5
Staré Město
Metro B: Náměstí Republiky
✆ 222 002 336
www.fok.cz
Im Smetana-Saal des Gemeindehauses spielt das Symphonieorchester der Hauptstadt Prag. In diesem größten Konzertsaal des Landes wird jährlich am 12. Mai das Musikfestival »Prager Frühling« eröffnet.

Jakobskirche/Sv. Jakub ➡ D6
Malá Štupartská 6, Staré Město
Metro A/B: Můstek
✆ 604 208 490
www.auditeorganum.cz
Die Kirche des hl. Jakob hat die beste Akustik aller Prager Kirchen, daher sind Orgelkonzerte auf dem 300-jährigen Instrument ein besonderer Genuss.

Rudolfinum ➡ D5
Alšovo nábřeží 12, Staré Město
Metro A: Staroměstská
✆ 227 059 352
www.ceskafilharmonie.cz
Vgl. S. 48.

Musicals

Divadlo Hybernia ➡ D7
Náměstí Republiky 3, Nové Město
Metro B: Náměstí Republiky
✆ 221 419 420
www.hybernia.eu
Das ehemalige Kloster der Hyberner diente schon im 18. Jh. als Theater. Inzwischen wurde das klassizistische Haus aufwendig in eine neue Musicalbühne für knapp 1000 Zuschauer umgewandelt und spielt blockweise überwiegend einheimische Produktionen.

Divadlo Kalich ➡ F6
Jungmannova 9, Nové Město
Metro A/B: Můstek
✆ 296 245 311, www.kalich.cz
Musicaltheater mit 400 Sitzplätzen und Dolby-Surround. Die erste Produktion »Hamlet Musical« von Janek Ledecký hat es bis auf die Bühne des Off-Broadway in New York City geschafft.

Musiktheater Karlín/ Hudební divadlo Karlín ➡ D9
Křižíkova 10, Karlín, Praha 8
Metro B/C: Florenc
✆ 221 868 666, www.hdk.cz
Die städtische Musical- und Operettenbühne produziert künstlerisch gesehen die besten Musical-Aufführungen. Auf dem Programm stehen Werke wie die »Fledermaus«, »Jesus Christ Superstar« sowie tschechische Werke wie das legendäre Musical »Dracula«.

Laterna magika und Schwarzlichterlebnisse

Laterna magika ➡ F5
Národní 4, Nové Město
Metro B: Národní třída
✆ 224 901 448, www.laterna.cz
Bei der Weltausstellung 1958 in Brüssel wurde diese einmalige Kombination aus Musik, bewegten Bildern und Theater erstmals gezeigt. Seit 1983 residiert die Laterna magika in der »Neuen Szene« neben dem Nationaltheater. Häufig ausverkauft, am besten vorher schon buchen.

Image ➡ F6
Národní 25, Metro-Passage
Staré Město, Metro A: Staroměstská
✆ 222 314 448
www.imagetheatre.cz
Dieses kommerzielle Theater kombiniert mystische Schwarzlichterlebnisse mit Pantomime und Jazzdance für farbenfrohe Erlebnisse in verschiedenen Stücken.

Kinos

Cinema City ➡ E7
Na Příkopě 22
Passage Slovanský dům
Nové Město
Metro B: Náměstí Republiky
✆ 255 742 021
www.cinemacity.cz
Das größte Multiplexkino der Stadt zeigt aktuelle und auch kleinere Filme, gelegentlich sogar Sport- oder Opernübertragungen.

Lucerna ➡ F7
Vodičkova 26, Lucerna-Passage
Nové Město
Metro A/B: Můstek
✆ 224 216 972
www.kinolucerna.cz
Das Jugendstilkino im Palast von Václav Havels Großvater zeigt meist Auslandsproduktionen mit Untertiteln.

Deutschsprachiges

Goethe-Institut ➡ F5
Masarykovo nábřeží 32
Nové Město
Metro B: Karlovo náměstí
✆ 221 962 111
www.goethe.de/prag
Das Goethe-Institut verfügt über eine ausgewählte Bibliothek deutschsprachiger Literatur und fördert die deutsche Sprache durch kulturelle Veranstaltungen.

Prager Literaturhaus ➡ G6
Ječná 11, Nové Město, Praha 2
Metro B: Karlovo náměstí
✆ 222 540 536
www.literarnidum.cz
Die deutschsprachige Schriftstellerin Lenka Reinerová (1916–2008) eröffnete das Literaturhaus als Standort für Interessenten des einst so berühmten »Prager Kreises«, dem Franz Kafka, Max Brod, Egon Erwin Kisch und weitere namhafte Autoren deutscher Sprache angehörten. ■

Shopping

Passagen und Kaufhäuser, Märkte, Antiquariate, Antiquitäten, Spezialgeschäfte

Viele Reisende kommen nicht nur wegen Architektur und Kultur nach Prag, sondern wegen der vielfältigen Einkaufsmöglichkeiten. Auf der noblen **Pariser Straße** (Pařížská) zwischen Altstädter Ring und der Čech-Brücke reihen sich Luxusmarken von Boss über Cartier und Hermès bis Swarovski aneinander. Böhmisches Kristallglas ist im Stadtbild nicht zu übersehen und vor allem auf dem **Krönungsweg** vom Altstädter Ring bis zur Karlsbrücke zu finden. Lederwaren, Accessoires und aktuelle Kunst werden auf der **Karlsbrücke und in den umliegenden Gassen** angeboten. Die großen Gebäude des Wenzelsplatzes bilden ein überdachtes Netz interessanter **Arkaden und Passagen**. Klassische Mitbringsel sind der Kräuterlikör Becherovka, Prager Schinken, südmährische Weine und Absinth sowie alte Bücher und Drucke aus den Antiquariaten der Stadt.

Es gibt in der Tschechischen Republik **keine festen Öffnungszeiten** wie in den deutschsprachigen Ländern. In der Regel haben die meisten Läden unter der Woche von 9–18 und am Samstag bis 13 Uhr geöffnet. Lebensmittelläden öffnen häufig bereits ab 6 und schließen samstags um 12 Uhr. Einige Kaufhäuser und Boutiquen im Zentrum sind auch am Sonntag geöffnet. In den Wohngebieten bedienen vereinzelte *večerka* genannte Lebensmittelgeschäfte ihre Kunden bis 22 Uhr mit Waren für den täglichen Bedarf.

Passagen und Kaufhäuser

Lucerna ➡ F7
Vodičkova 36/Štěpánská 61
Nové Město, Metro A/B: Můstek
✆ 224 224 537, www.lucerna.cz
Der Palast im Stil der Moderne wurde 1920 von Václav Havels Großvater erbaut und beherbergt das schönste der alten Prager Kinos, einen unterirdischen Saal für Konzerte und Bälle sowie interessante Geschäfte. Im palasteigenen Café in der 1. Etage scheint die Zeit stehen geblieben zu sein.

Interessante Geschäfte und ein palasteigenes Café: die Lucerna-Passage von Großvater Havel

Palladium ➡ D7
Náměstí Republiky 1, Nové Město
Metro B: Náměstí Republiky
✆ 225 770 250
www.palladiumpraha.cz
Das interessanteste Shoppingcenter Prags liegt mitten in der Stadt hinter einer ehemaligen Kasernenfassade. Gelungener Mix aus Shopping und Entertainment.

Beliebtes Shoppingcenter: das Palladium

Tesco ➡ F6
Národní 26, Nové Město
Metro B: Národní třída
✆ 222 815 111
www.itesco.cz
Eines der großen Prager Kaufhäuser mit Komplettangebot. Besonders der sehr moderne Supermarkt im Untergeschoss ist im Zentrum sehr zu schätzen.

Märkte

Havelský trh/Gallusmarkt ➡ E6
Havelská, Staré Město
Metro A/B: Můstek
Der bekannteste Markt Prags – auf der Melantrichova zwischen Wenzelsplatz und Altstädter Ring – bietet neben Mitbringseln und Gemälden auch Obst und Gemüse, und das jeden Tag von morgens bis zum frühen Abend.

Holešovická tržnice ➡ B9
Bubenské nábřeží 13
Holešovice, Praha 7
Metro C: Vltavská
✆ 220 800 592
www.holesovickatrznice.cz
Die Markthallen in Prag 7 nördlich des Zentrums sind ein Eldorado für Schnäppchenjäger. Günstig sind hier vor allem Klamotten, Zigaretten, Alkohol, Lebensmittel, CDs und allerlei Krimkrams.

Antiquariate

Antikvariát Kozáková ➡ G5
Myslíkova 10
Nové Město
Metro B: Karlovo náměstí
✆ 224 917 862
www.antikvariat-ucebnice.cz
Gut sortiertes Antiquariat in den verwinkelten Gassen der südlichen Neustadt mit Schwerpunkt auf technischer und wissenschaftlicher Literatur sowie auf Sprachen.

Karel Křenek ➡ F6
Národní 20, Nové Město
Metro B: Národní třída
✆ 222 314 734
www.karelkrenek.com
Eine wahre Fundgrube unter dem Café Louvre. Neben seltenen alten Büchern auch Landkarten aus aller Welt und dekorative Grafik.

Antiquitäten

Alma Antique ➡ D5
Valentinská 7, Staré Město
Metro A: Staroměstská
✆ 224 813 991
www.antikpraha.cz/alma-antique
Die luxuriösen und noch bezahlbaren Stücke aus dem 19. und 20. Jahrhundert wurden im ganzen Land zusammengesammelt.

Bríc à Brac ➡ D6
Týnská 7, Staré Město
Metro A/B: Můstek
✆ 222 326 484
All das, was man bestimmt nicht braucht und doch Freude macht, ist bei diesem Trödelhändler zu finden. Weiterer Raum im Hinterhof.

Clock Gallery ➡ F6
Jungmannova 30, Nové Město
Metro B: Národní třída
✆ 725 885 580
www.clockgallery.cz
Zeitreise durch historische Uhren einheimischer Marken wie Prim und europäischer Hersteller. Man sollte sich für das Geschäft im Wortsinn Zeit nehmen.

Spezialgeschäfte

Bücher:

The Globe ➡ F5
Pštrossova 6, Nové Město
Metro B: Karlovo náměstí
✆ 224 934 203
www.globebookstore.cz
Geniale Mischung aus trendigem Café und gutem Buchsortiment überwiegend englischsprachiger Literatur nach dem Motto »In libris veritas, in kava vita«. Regelmäßige literarische Events.

Palác knih Luxor ➡ F7
Václavské náměstí 41, Nové Město
Metro A/B: Můstek
✆ 296 110 372
www.neoluxor.cz
Eine der größten Prager Buchhandlungen mit einer Auswahl von 60 000 Titeln. Pragensien befinden sich im vorderen Bereich, Stadtpläne und Landkarten hinten links, deutsche Literatur und ein kleines Café im Obergeschoss.

Einrichtung:

Kubista ➡ E7
Ovocný trh 19, Staré Město
Metro B: Náměstí Republiky
✆ 224 236 378
www.kubista.cz
Wer moderne Architekturepochen wie Kubismus und Art déco mag, wird im kubistischen Haus zur Schwarzen Muttergottes mit interessanten Möbeln, Dekorationsgegenständen und Büchern glücklich.

Le Patio ➡ F6
Jungmannova 30, Nové Město
Metro B: Národní třída
✆ 224 934 402
www.lepatio.cz
Paradies zum stilvollen Einrichten der eigenen Wohnung mit einem Hauch von Kolonialatmosphäre.

Täglicher Markt in der Havelská

Glas und Keramik:

Artěl ➡ D4
U Lužického semináře 7
Malá Strana
Metro A: Malostranská
✆ 770 152 112
www.artelglass.com
Das stilvollste Souvenirgeschäft der Stadt bietet tschechischen Modeschmuck, preisgekröntes Designer-Glas der traditionellen Marke Artěl und jede Menge pfiffige Geschenkideen. Gelegentlich steht auch die US-amerikanische Inhaberin Karen Feldman am Tresen.

Erpet ➡ E6
Staroměstské náměstí 27
Staré Město, Metro A/B: Můstek
✆ 224 229 755
www.erpetcrystal.cz
Sehr gute Qualität nicht nur bei den Waren. Die mehrsprachigen Verkäufer erfüllen die Wünsche aller Gäste. Natürlich wird sicher ins Hotel wie auch nach Hause geliefert.

Moser ➡ E7
Na Příkopě 12, Nové Město
Metro A/B: Můstek
✆ 224 211 293
www.moser-glass.com
Eine der führenden Glasfabriken der Welt aus Karlsbad im böhmischen Bäderdreieck. Was Meißen für Porzellan ist, ist Moser für Kristallglas.

Kleidung:

Blažek ➡ E7
Nekázanka 11 Nové Město
Metro A/B: Můstek
✆ 244 404 208, www.blazek.eu
Ausgezeichneter tschechischer Herrenausstatter um die Ecke vom Wenzelsplatz.

Klara Nademlýnská ➡ D6
Dlouhá 3, Staré Město
Metro A: Staroměstská
✆ 605 033 988
www.klaranademlynska.cz
Eine der bekanntesten tschechischen Designerinnen verkauft hier klassische Kostüme und berät bei der Anfertigung exklusiver Abendkleider.

Lazy Eye ➡ G8
Ibsenova 3, Vinohrady, Praha 2
Metro A: Náměstí Míru
✆ 777 210 275, www.lazyeye.cz
Die kreative Retro-Boutique führt Kleidung aus den 1930ern mit allerlei passenden Accessoires. Auffallend ist das farbenfrohe Interieur mit floralen Motiven und mächtigen Bildern für den richtigen Rahmen zum Stöbern.

Kulinarisches:

La Bottega Bistroteka ➡ D7
Dlouhá 39, Staré Město
Metro B: Náměstí Republiky
✆ 222 311 372
www.bistroteka.cz
Eine Augenweide für Liebhaber mediterraner Delikatessen aus hauseigener Bäckerei und Patisserie mit gemütlichem Bistro.

Country Life ➡ E6
Melantrichova 15
Staré Město
Metro A/B: Můstek
✆ 224 213 366
www.countrylife.cz
Selbstbedienungsladen mit frischen Brotsorten, Soja- und Naturprodukten sowie Getreide von der eigenen Biofarm im Böhmerwald.

Pâtisserie Saint-Tropez ➡ E4
Karmelitská 20
Malá Strana
Metro A: Malostranská
✆ 603 333 338
www.cukrarnatropez.cz
Verführerische Genüsse in dieser grün und braun gestalteten französischen Konditorei mit eigenen Schokoladenkreationen.

Musik:

Dům hudebních nástrojů/ Haus der Musikinstrumente ➡ E6
Jungmannovo náměstí 17
Nové Město, Metro A/B: Můstek
www.guitarpark.cz
In dem schon von Weitem sichtbaren Haus zwischen Wenzelsplatz und Nationalstraße verkaufen mehrere Geschäfte verschiedene Musikinstrumente von der Flöte bis zum Flügel.

Musicpoint ➡ E6
Jungmannovo náměstí 17
Nové Město, Metro A/B: Můstek
✆ 602 414 345, www.supraphon.cz
Größter CD-Laden im Zentrum am Jungmannplatz mit Fokus auf klassischer Musik, auch Pop- und Rock-Musik sowie Videos.

Talacko hudebniny (Musikalien) ➡ D7
Rybná 29, Staré Město
Metro B: Náměstí Republiky
✆ 224 813 039, www.talacko.cz
Noten und andere Musikalien in einem kleinen Laden hinter dem Kaufhaus Kotva.

Naturprodukte:

Bohemia Paper ➡ D6
Staroměstské náměstí 12
Staré Město, Metro A: Staroměstská
✆ 775 150 466
www.bohemiapaper.cz
Dieser Familenbetrieb des bekannten Künstlers Jan Petr Obr führt seine handgemachten Papierartikel auf Weltklasseniveau als Zeugnis exquisiter Handwerkskunst.

Botanicus ➡ D6
Týn 3, Staré Město
Metro B: Náměstí Republiky
✆ 702 207 096, www.botanicus.cz
Expandierende Naturwarenkette, die Artikel wie Seifen in der tschechischen Provinz herstellt und in den Städten vertreibt. Schon allein der Geruch zieht die Passanten in das Geschäft.

Schuhe:

Baťa ➡ E6
Václavské náměstí 6
Nové Město
Metro A/B: Můstek
✆ 731 618 781, www.bata.cz
Die Schuhfabrik von Tomáš Baťa (sprich: Batcha) aus dem mährischen Zlín ist heute weltbekannt. Das Geschäft führt auch europäische Schuhe verschiedener Marken.

Spielzeug und Marionetten:

Truhlář Marionety ➡ E4
U lužického semináře 5
Malá Strana
Metro A: Malostranská
✆ 602 689 918
www.marionety.com
Handgemachte Marionetten aus traditioneller einheimischer Produktion gehören zu den besonderen Mitbringseln aus Tschechien. ■

Hölzerne Marionetten als Souvenir

Mit Kindern in der Stadt
Am Fluss, Museen, Theater, Attraktionen, Shopping

Prag ist als historische Stadt auf den ersten Blick vielleicht kein ideales Reiseziel für Familien mit Kindern – zumal das Kopfsteinpflaster im Zentrum einfach nicht zum Bummeln mit Kinderwagen einlädt. Trotzdem kann ein Besuch mit Kindern ab sechs Jahren durchaus attraktiv sein.

Im Stadtbild fallen die vielen **Oldtimer** aus den 1920er und 1930er Jahren auf, die vom Kleinen Ring (Malé náměstí) aus zu ihren Rundfahrten aufbrechen. Alternativ geht es ab Altstädter Ring mit dem **Ekoexpres** genannten kleinen Bummelzug oder mit **Pferdekutschen** über das holprige Pflaster.

Der Stadtteil Troja in Prag 7 bietet Kindern gleich eine ganze Reihe von Attraktionen: Nördlich an der Moldau liegt einer der größten **Zoos** in Europa, der auch das Adoptieren von Tieren ermöglicht und an den **Baumgarten** grenzt, die größte Grüne Lunge von Prag.

Am Fluss

Prague Venice ➡ E5
Křížovnické náměstí
Staré Město
Metro A: Staroměstská
✆ 776 776 779
www.prazskebenatky.cz
Die Schönheit der Stadt lässt sich mit Kindern am besten vom Fluss aus bestaunen, etwa mit den Moldaubooten, die vom Anleger bei der Karlsbrücke starten und durch den Teufelsbach fahren.

Museen

Muzeum Lega ➡ E/F6
Národní 31, Staré Město
Metro A/B: Můstek
✆ 721 043 717
www.museumlega.cz
Mehr als eine Million Lego-Steine wurden in den 3000 Modellen verbaut, die in einer abwechslungsreichen Erlebniswelt von 20 Ausstellungen auf 420 m² verteilt sind.

Spiegellabyrinth/Bludiště ➡ F3
Petřínské sady
Malá Strana
Tram 22: Újezd, von dort per Seilbahn weiter
✆ 221 714 714
www.prague.eu/bludistepetrin
Neben dem Aussichtsturm auf dem Laurenziberg bringt das Spiegelkabinett Klein und Groß zum Lachen.

Spielzeugmuseum/ Muzeum hraček ➡ cA4
Jiřská 6, Hradčany
Metro A: Malostranská
✆ 224 372 294
www.ivansteiger.de
Im hinteren Teil der Prager Burg befindet sich in einem Innenhof eine interessante Exposition alter Spielsachen aus vergangenen Zeiten; mit großer Barbie-Sammlung.

Verkehrsmuseum/ Muzeum městské hromadné dopravy ➡ C2
Patočkova 4, Střešovice
Praha 6
Tram 1/2/18: Sibeliova
✆ 296 128 900
www.dpp.cz
Das Verkehrsmuseum in einem Depot hinter der Prager Burg zeigt drei Dutzend alter Wagen und Straßenbahnen.

Enten füttern an der Moldau

Theater

Nationales Marionettentheater/ Národní divadlo marionet ➡ E6
Žatecká 1, Staré Město
Metro A: Staroměstská
✆ 224 819 323
www.mozart.cz
Beste Marionettenbühne Prags mit Aufführungen in englischer, deutscher, italienischer Sprache.

Theater von Špejbl und Hurvínek/ Divadlo Spejbla a Hurvínka ➡ B3
Dejvická 38, Dejvice, Praha 6
Metro A: Dejvická
✆ 224 316 784
www.spejbl-hurvinek.cz
Seit mehr als 90 Jahren tingeln die beiden Holzfiguren Špejbl und Hurvínek über die Bühnen der Welt und sind in Prag zu Hause.

Attraktionen

Königreich der Eisenbahnen/ Království železnic ➡ H4
Stroupežnického 23
Smíchov, Praha 5, Metro B: Anděl
✆ 257 211 386
www.kralovstvi-zeleznic.cz
Die größte Modelleisenbahn Tschechiens zeigt auf zwei Etagen beliebte Bauwerke und Orte auf einer mehr als 900 m² großen Anlage, ein Paradies für Kinder und jung gebliebene Väter.

Zoo ➡ nördl. A7
U Trojského zámku 3, Troja, Praha 7
Metro C: Nádraží Holešovice, dann Bus 112
✆ 296 112 230, www.zoopraha.cz
Der durch Schenkungen reicher Einwohner entstandene Zoo bietet per Seilbahn einen schönen Ausblick auf die Tierwelt. Besonders beliebt sind der indonesische Dschungel sowie der afrikanische Pavillon. Wer bestimmte Tiere ins Herz geschlossen hat, kann sie auch adoptieren (wenngleich sie natürlich im Zoo bleiben müssen). Kinder erfreuen sich am Streichelzoo auf einem Bauernhof im südlichen Teil des Areals.

Shopping

Hras ➡ F7
Václavské náměstí 38, Rokoko-Passage, Nové Město
Metro A/B: Můstek
✆ 224 946 506, www.hras.cz
Puzzles, Kartensets, Gesellschafts- und Geschicklichkeitsspiele verkauft dieses kleine Fachgeschäft.

Sparkys ➡ E6
Havířská 2, Staré Město
Metro A/B: Můstek
✆ 224 239 309, www.sparkys.cz
Die moderne Spielwarenhandlung auf mehreren Etagen ist ein Paradies für Kinder. ■

Erholung und Sport
Schwimmen, Wellness, Fahrradfahren, Rodeln, Fußball, Pferderennen

Die beliebtesten Sportarten der Tschechen sind Eishockey, Fußball, Tennis und Pferderennen. Prag hat viel zu bieten im Hinblick auf sportliche Aktivitäten, Wellness und Erholung. Viele Hotels verfügen über Fitnessräume, jedoch nur die wenigsten über eigene Schwimmbäder. Die neu entstandenen Luxushotels wie The Augustine locken mit aufwendig gestalteten **Spas.**

Wer gern mit **Inlineskates** oder auf dem **Skateboard** unterwegs ist, begibt sich am besten auf das Letná-Plateau in Prag 7 oberhalb der Moldau oder fährt auf dem Areal vor dem Kongresszentrum in Prag 4. Beliebt ist der Prager **Internationale Marathon** (www.runczech.com), der dreimal im Jahr stattfindet und im Mai über die volle Distanz inklusive der Prager Burg verläuft.

Erholsame Augenblicke ermöglicht die Vielzahl an Parks und Grünflächen in der Stadt. Die wohl am prächtigsten angelegte Parkanlage in der Nähe des Zentrums ist der **Baumgarten** (Stromovka) in Prag 7 mit einer Fläche von 104 Hektar. Der **Hirschgraben** (Jelení příkop) hinter der Prager Burg ermöglicht einen schönen Ausblick auf den St.-Veits-Dom und das Burgareal. Der **Laurenziberg** (Petřín) besticht besonders im Frühjahr durch seine Blütenpracht. Beliebte Naherholungsgebiete sind auch die **Kampa-Insel** zwischen Moldau und Teufelsbach (Čertovka) sowie die **Palastgärten** unterhalb der Prager Burg.

Schwimmen

Schwimmbad Podolí ➡ südl. K6
Podolská 74, Podolí, Praha 4
Tram 3/17/21: Kublov
✆ 241 433 952
www.pspodoli.cz
Wer gern in der Stadt baden möchte, findet südlich der Burg Vysehrad das größte Prager Frei- und Hallenbad mit Wettkampfbahnen.

Žluté lázně ➡ K6
Podolské nábřeží 3, Podolí, Praha 4
Tram 3/17/21: Kublov
✆ 777 404 084
www.zlutelazne.cz
Gegenüber dem Schwimmbad in Podolí liegt das bereits seit 100 Jahren beliebte Sport- und Erholungsgebiet »Gelbes Bad« an der Moldau. Hier kann man z. B. schwimmen, Beachvolleyball, Tischtennis und Pétanque spielen, Pizza essen und Bier trinken.

Wellness

Salon Lafayette ➡ D8
Na Florenci 31, Nové Město
Metro B: Florenc
✆ 255 777 111
www.salon-lafayette.cz
Eine lohnenswerte Adresse für Wellness und Massage ist das Lafayette mit einem römischen Bad, das man auch zu zweit mieten kann.

Sabai ➡ E7
Na Příkopě 22
Passage Slovanský dům
Nové Město
Metro B: Náměstí Republiky
✆ 221 451 180
www.sabai.cz
Thailändische Massagen sind trendy in Prag, beliebt ist vor allem das konsequent in orangefarbenen Tönen gestylte Sabai mit thailändischen Masseurinnen in der Passage Slovanský dům.

Die ehemalige Wassermühle auf der Kampa-Insel

Fahrradfahren

Praha Bike ➡ D6
Dlouhá 24, Staré Město
Metro B: Náměstí Republiky
✆ 723 388 880, www.prahabike.cz
Wegen des Kopfsteinpflasters und fehlender Radwege ist Prag keine ausgeprägte Fahrradstadt. Bei Praha Bike kann man Zweiräder leihen und Gruppenfahrten buchen.

Rodeln

Rodelbahn/Bobová dráha ➡ aB4
Prosecká 34 B, Prosek, Praha 9
Metro C: Prosek
✆ 284 840 520
www.bobovadraha.cz
Die größte Bobbahn Tschechiens ermöglicht rasante Abfahrten bis zu 60 km/h.

Fußball

Epet Arena ➡ B5
Milady Horákové 98, Bubeneč
Praha 7, Metro C: Hradčanská
✆ 296 111 400, www.sparta.cz
In dem für knapp 19 000 Zuschauer zugelassenen Stadion spielt der tschechische Rekordmeister Sparta Prag, dessen letzter Titel im Jahr 2014 schon etwas zurückliegt.

Fortuna Aréna ➡ südl. G13
U Slavie 2a
Vršovice, Praha 10
Tram 6/7/22: Slavia
✆ 725 875 438, www.slavia.cz
Spartas größter Rivale Slavia Prag verfügt über die modernste Sportanlage der Stadt (20 800 Zuschauer), die sogar ein Hotel beherbergt. Zur Eröffnung im Jahr 2008 wurde Slavia prompt tschechischer Meister, der jüngste Titel stammt aus dem Jahr 2021.

Pferderennen

Rennbahn Velká Chuchle ➡ bC6
Radotínská 69
Velká Chuchle, Praha 16
Bahnhof Prag-Velká Chuchle
✆ 734 150 843
www.chuchlearena.cz
Auf der großen Pferderennbahn im Süden der Stadt direkt an der Moldau mit Platz für 10 000 Zuschauer werden im Frühjahr und Herbst regelmäßig Sonntagsrennen veranstaltet. ■

Daten zur Stadtgeschichte

6000 v. Chr. Älteste Spuren menschlicher Besiedlung.

4. Jh. v. Chr. Der keltische Stamm der Bojen besiedelt das Gebiet des heutigen Böhmens, daraus entsteht der Begriff »Bohemia«.

6. Jh. n. Chr. Die ersten Slawen kommen zu Zeiten der Völkerwanderung unter ihrem Anführer Čech und siedeln sich nördlich von Prag in Höhe des heutigen Theresienstadt an.

9./10. Jh. Fürstin Libuše gründet die erste böhmische Dynastie der Přemysliden. In einer Weissagung prophezeit sie den Bau der Burg Praha, deren Ruhm zu den Sternen reichen werde. Der erste geschichtlich nachgewiesene Herrscher Bořivoj I. wird getauft, aber erst während der Regentschaft Fürst Wenzels I. (921–35) wird Böhmen christianisiert. Prag wird wichtige und reiche Handelsstadt.

11. Jh. Die Burg Vyšehrad wird abwechselnd mit der Prager Burg Herrschersitz. Vratislav II. erhält als erster böhmischer Herrscher die Königswürde.

13. Jh. Die Kleinseite entsteht, später das Viertel um die Prager Burg.

14. Jh. Prag wird unter Kaiser Karl IV. (1346–78) nach Rom größte Stadt (40 000 Einwohner) und politisch-kultureller Mittelpunkt Europas. Die Karlsbrücke wird an der Stelle der eingestürzten Judithbrücke gebaut und die Karlsuniversität wird als erste Universität in Mitteleuropa gegründet. Karl IV. lässt ferner die Neustadt anlegen.

15. Jh. Der Kirchenreformator Jan Hus wird Rektor der Universität und übersetzt die Bibel in die tschechische Sprache, die er grundlegend reformiert. 1415 wird er in Konstanz auf dem Scheiterhaufen verbrannt. 1419 erfolgt der »Erste Prager Fenstersturz«, als aufgebrachte Menschenmengen die katholischen Ratsherren aus einem Fenster des Neustädter Rathauses stürzen. Die nachfolgenden Hussiten-

Der »Zweite Prager Fenstersturz« löst den Dreißigjährigen Krieg aus

Holzschnitt von Prag in der Schedelschen Weltchronik (1493)

kriege enden nach 15 Jahren mit einer Niederlage der Hussiten.

16. Jh. Die Pest wütet in Prag; ein Großbrand zerstört 99 der 103 Häuser der Kleinseite, wo sich der Adel nunmehr seine Renaissancepaläste errichtet.

17. Jh. Unter dem Habsburger Rudolf II. (1576–1612) erhalten die Protestanten das Recht auf freie Religionsausübung. Rudolf II. lässt Alchimisten am Goldenen Gässchen der Prager Burg ansiedeln und nach dem Elixier des ewigen Lebens forschen. 1618 löst der »Zweite Prager Fenstersturz« den Dreißigjährigen Krieg aus. In der Schlacht am Weißen Berg 1620 siegen die Katholiken endgültig über die protestantischen Stände. Prag wird durch die Arbeiten des Baumeisters Christoph Dientzenhofer und seines Sohnes Kilian Ignaz zur Barockstadt Europas.

18. Jh. Kaiserin Maria Theresia lässt die Prager Burg im Stil des Wiener Rokoko umbauen, der heute erhalten blieb. 1784 vereinigt man die bis dato selbstständigen Städte Altstadt, Neustadt, Kleinseite und das Burgviertel zur Großstadt Prag (70 000 Einwohner). Mozart feiert 1787 einen großen Erfolg mit der Uraufführung seines »Don Giovanni« im Ständetheater.

Kaiserin Maria Theresia lässt die Prager Burg im Stil des Rokoko umbauen

19. Jh. Zeitalter des europäischen Nationalismus: 1861 verlieren die Deutschen ihre Mehrheit im Stadtparlament. 1891 zeigt die nationale Ausstellung den hohen technischen Stand Böhmens als führende Industrienation.

1918 Gründung der Ersten Tschechoslowakischen Republik unter Präsident Tomáš Garrigue Masaryk.

1939–45 Einmarsch deutscher Truppen in Prag. Gründung des Reichsprotektorats Böhmen und Mähren. Ermordung von 36 000 der 40 000 Prager Juden. 1942 wird der stellvertretende Reichsprotektor Heydrich bei einem Attentat ermordet. 1945 Befreiung des Landes zu zwei Dritteln durch die Rote Armee und zu einem Drittel durch die Alliierten.

1948 Beim »Dritten Prager Fenstersturz« kommt Außenminister Jan Masaryk ums Leben. Durch die Februarrevolution gelangen die Kommunisten für 41 Jahre an die Macht.

Der »Prager Frühling«: »Sozialismus ja – Okkupation nein«

1968 Das sozialistische Reformprogramm »Prager Frühling« unter der Führung von Alexander Dubček wird durch den Einmarsch von Truppen des Warschauer Pakts am 21. August gewaltsam beendet; alle Reformen werden rückgängig gemacht.

1977 Veröffentlichung der Charta 77 als Protest gegen die Nichteinhaltung der Menschenrechtskonventionen. Die Staatsmacht reagiert mit Gefängnisstrafen und Berufsverboten.

1989 Ab August suchen ausreisewillige DDR-Bürger in der Deutschen Botschaft Zuflucht, ihre Zahl wächst im September auf zeitweise 4000 an. Bis Anfang Oktober gelangen 15 000 Flüchtlinge über die Prager Botschaft in die Bundesrepublik. Im November werden friedliche Demonstranten auf dem Wenzelsplatz von der Polizei niedergeprügelt – der Auslöser der »Samtenen Revolution«. In der Folge wird der Dramaturg und Schriftsteller Václav Havel zum ersten nicht kommunistischen Staatspräsidenten gewählt.

1990 Die ČSSR wird in Tschechische und Slowakische Föderative Republik (ČSFR) umbenannt. Das Bürgerforum gewinnt die ersten freien Wahlen; Alexander Dubček wird erster Parlamentspräsident.

1993 Das Ende der ČSFR: Die Tschechische und die Slowakische Republik entstehen. Prag wird tschechische Hauptstadt, Václav Havel Präsident des neuen Landes. Durch die »Kuponprivatisierung« werden Staatsbetriebe teilweise privatisiert. Das Land erlebt einen wirtschaftlichen Aufschwung; Prag gilt als Szenestadt der 1990er Jahre.

1999 Tschechien tritt wie Polen und Ungarn der NATO bei.

2000 Prag trägt den Titel »Kulturstadt Europas 2000«.

2002 Eine Flutkatastrophe beschädigt große Teile der Stadt.

2003 Václav Klaus übernimmt das Amt des Staatspräsidenten.

2004 Am 1. Mai tritt Tschechien der EU bei.

Václav Havel während der Feierlichkeiten zum Beitritt Tschechiens in die Europäische Union 2004

2007 feiert die Karlsbrücke ihr 650-jähriges Jubiläum

2007 Die Karlsbrücke feiert ihr 650-jähriges Jubiläum und wird bis 2010 umfangreich renoviert.

2009 Tschechien stellt den Vorsitz der EU, innenpolitisch stürzt die Opposition die Regierung. Trotz Zustimmung des Abgeordnetenhauses und des Senats verweigert Staatspräsident Klaus lange Zeit seine Unterschrift unter den Lissaboner Reformvertrag.

2010 Nach turbulenten Parlamentswahlen bildet Premierminister Petr Nečas von der bürgerlich-demokratischen ODS die Regierung mit den neuen Parteien TOP 09 und VV.

2013 Das Volk wählt Miloš Zeman zum neuen Präsidenten in der ersten Direktwahl, gefolgt von einer Regierungskrise.

2015 Tschechien ehrt den Reformator Jan Hus anlässlich seines 600. Todestages. Seit September leitet der Blanka Tunnelkomplex, mit 6,4 Kilometern größter Stadttunnel in Europa, den Verkehr im Prager Westen unter die Erde.

2016 Prag ehrt Karl IV anlässlich seines 700. Geburtstags mit vielen Veranstaltungen und Sonderausstellungen.

2017 Bei der Abgeordnetenhauswahl wird die Protestpartei ANO mit Abstand stärkste politische Kraft des Landes und der milliardenschwere Unternehmer Andrej Babiš bildet als Ministerpräsident die Regierung.

2018 Feierliche Wiedereröffnung des Nationalmuseums zum 100. Jubiläum der Gründung der Tschechoslowakei am 28. Oktober.

2023 Das Volk wählt den einstigen NATO-General Petr Pavel in einer Stichwahl gegen Andrej Babiš für einen pro-europäischen Kurs zum neuen Präsidenten. ■

Service von A bis Z

Prag in Zahlen und Fakten

Fläche: 496 km²
Lage: 14° 25′ östlicher Länge und 50° 05′ nördlicher Breite, 399 m über dem Meeresspiegel
Einwohner: Ca. 1,3 Mio. in einer Dichte von 2570 Einwohnern pro km²
Religion: Überwiegend atheistisch, gefolgt von römisch-katholisch und protestantisch (hussitisch)
Politik: Prag ist Hauptstadt der 1993 gegründeten Tschechischen Republik und dadurch auch Sitz von Regierung, Parlament und Senat. Die Stadtregierung sitzt im Magistrat.
Mehrwertsteuer: Der höhere Satz für die meisten Produkte und Dienstleistungen beträgt 21 %, für bestimmte Bereiche gilt ein niedrigerer Satz von 15 % (Arzneimittel, Kindernahrung).

Nachbildung der in Prag angefertigten österreichischen Kaiserkrone im Stadtbild von Prag

Anreise, Einreise

Für die Einreise nach Tschechien genügt für EU-Bürger und Schweizer das Mitführen eines gültigen Personalausweises. Nach Beitritt zum Schengen-Abkommen im Jahr 2007 finden Identitätskontrollen an den Grenzen nicht mehr statt.

Blick vom Rathausturm auf den Altstädter Ring

Mit dem Flugzeug
Der internationale **Václav Havel Airport Prag** befindet sich etwa 18 Kilometer westlich der Stadt und ist vom Zentrum aus gut ausgeschildert. Das neue Terminal 2 bedient Reisen in und aus Schengen-Ländern, das alte Terminal 1 alle übrigen. Flugtickets sind u. a. bei der tschechischen Airline ČSA erhältlich (www.csa.cz). Die regelmäßigen Verbindungen werden in Kooperation mit Lufthansa, Swiss und Austrian Airlines durchgeführt, ergänzt um eine Reihe von Billigfliegern. Mehrsprachige Flughafenauskunft unter ✆ 220 111 111 bzw. www.prg.aero.

Mit dem **Taxi** kostet der Transfer etwa Kč 800, der Preis kann jedoch je nach Fahrzeit und Verkehr auch höher ausfallen. Empfehlenswert sind die weißen Taxis der Firmen Fix Taxi und Taxi Praha, die beide günstigere Preise für die Rückreise anbieten.

Preisgünstig kommt man mit dem **Linienbus 119** zur Metrostation Nádraží Veleslavín und von dort mit der Linie A ins Zentrum. Fahrkarten zu Kč 40 können am Automaten an der Haltestelle gegenüber den Terminals ausschließlich mit Münzen oder innerhalb der Ankunftshalle am Schalter gekauft werden.

Mit dem Zug
Die internationalen Züge aus Deutschland oder Österreich kommen entweder am **Hauptbahnhof** (Hlavní nádraží) ➡ E8 oder am Bahnhof **Praha-Holešovice** ➡ A8 an. Fahrplanauskunft erhält man unter ✆ 224 224 200 oder unter www.idos.cz. An beiden Bahnhöfen kann man mit der Metrolinie C die Fahrt in die Stadt fortsetzen und für die Rück- oder Weiterreise internationale Tickets lösen, sogar mit Ermäßigungskarten wie der Bahncard und dem Halbtaxabo. Wer aus Richtung Pilsen kommt oder gern Entdeckungsfahrten ins böhmische Land unternehmen will, nutzt den Bahnhof **Praha-Smíchov** ➡ K4 (erreichbar mit Metrolinie B).

Mit dem Auto
Die Anreise mit dem Auto führt von Norden (ab Dresden via Ústí nad Labem) und Westen (ab Nürnberg oder Regensburg via

Trabbi-Denkmal im Garten der Deutschen Botschaft

Plzeň) entlang gut ausgebauter Autobahnen. Nur von Süden aus geht es zum größten Teil über Landstraßen (ab Linz via České Budějovice).

Die tschechischen Autobahnen und Schnellstraßen (grüne Schilder) erfordern den Kauf einer **Vignette**, die an allen Tankstellen im Land erhältlich ist. Die Landstraßen (blaue Schilder) können hingegen vignettenfrei befahren werden.

Mit dem Reisebus

Von vielen Städten in Deutschland, der Schweiz und Österreich fahren regelmäßig günstige Fernbusse nach Prag (z. B. www.flix.com). Diese kommen in der Regel am **Busbahnhof Florenc** ➡ D8 in Prag 8 an (Metro B und C). Alternative Busbahnhöfe sind **Želivského** ➡ F13 in Prag 3 (Metro A) und **Roztyly** ➡ südl. K7 in Prag 4 (Metro C). Tickets können bei freien Plätzen noch im Bus gekauft werden, ansonsten am Busbahnfhof Florenc oder online bei Student Agency (www.studentagency.eu/de).

Auskunft

Fremdenverkehrsbüros:

CzechTourism ➡ E6
Staroměstské náměstí 5
Staré Město
Metro A/B: Můstek
✆ 224 861 587
www.czechtourism.com

CzechTourism
Wilhelmstr. 44
D-10117 Berlin
✆ (030) 204 47 70
www.czechtourism.com

Prague City Tourism ➡ E6
Staroměstské náměstí 3
Staré Město, Metro A/B: Můstek
✆ 221 714 714, www.prague.eu

Vergünstigungen/freien Eintritt zu Sehenswürdigkeiten sowie kostenlose Fahrt mit den öffentlichen Verkehrsmitteln bietet der **Prague CoolPass** für verschiedene Zeitspannen von ein bis sieben oder zehn Tage (www.praguecoolpass.com).

Diplomatische Vertretungen

Deutsche Botschaft ➡ E3
Vlašská 19, Malá Strana
CZ-118 01 Praha 1
Tram 22: Malostranské náměstí
✆ 257 113 111
www.prag.diplo.de

Österreichische Botschaft ➡ G4
Viktora Huga 10, Smíchov
CZ-151 15 Praha 5
Metro B: Anděl
✆ 257 090 511
www.aussenministerium.at/prag

Schweizer Botschaft ➡ C2
Pevnostní 7, Střešovice
CZ-162 01 Praha 6
Metro A: Dejvická
✆ 220 400 611
www.eda.admin.ch/prag

Feiertage, Feste, Veranstaltungen

Gesetzliche Feiertage sind **Neujahr** (1. Jan.), **Karfreitag, Ostersonntag, Ostermontag, Tag der Arbeit** (1. Mai), **Ende des Zweiten Weltkriegs** (8. Mai), **Tag der Slawenapostel Kyrill und Method** (5. Juli), **Todestag von Jan Hus** (6. Juli), **Tag des hl. Wenzel** (28. Sept.), **Unabhängigkeitstag** (28. Okt.), **Heiligabend** (24. Dez.) und **Weihnachten** (25. und 26. Dez.).

Feiertage wie **Himmelfahrt** und **Pfingsten** gibt es zwar in Tschechien nicht, doch fallen sie durch den enormen Anstieg der Touristenzahlen in der Stadt auf.

Es empfiehlt sich daher, zu solchen Terminen nicht nach Prag zu reisen, weil die Stadt einfach überquillt. Auch zu Silvester ist Prag überlaufen.

April
Das internationale Filmfestival Febiofest zeigt interessante Filme in diversen Kinos (www.febiofest.cz).

Ostern
Während dieser Tage sind insbesondere die Jungen mit Holzruten zu beobachten. Mit diesen Ruten zeigen die Jungs den Mädchen ihre Zuneigung. Dies geht auf einen uralten Brauch zurück.

Mai
Am **1. Mai** lässt sich die tschechische Frau unter einem Maibaum küssen, das bringt dem Aberglauben nach Liebe bis zum nächsten Jahr.

In Prag küssen sich verliebte Pärchen oft am **Laurenziberg** unter der Statue des romantischen Dichters Karel Hynek Mácha.

Das Musikfestival »**Prager Frühling**« zieht ab Smetanas Todestag, dem 12. Mai, für drei Wochen Musikliebhaber aus aller Welt an (www.festival.cz).

Um Pfingsten herum stürmen Tausende begeisterter Läufer anlässlich des **Prager Marathons** den Krönungsweg zur Prager Burg hinauf (www.runczech.com).

Juni
Das Open-Air-Festival **United Islands** zieht Musikliebhaber an die Inseln der Moldau, vor allem auf die Schützeninsel (www.unitedislands.cz).

Oktober
Für ein optisches Highlight sorgt das **Signal Fest Prague**, wenn ein Wochenende lang viele bedeutende Gebäude mit spektakulären Kunstinstallationen angestrahlt werden (www.signalfestival.com).

November
Zahlreiche Bühnen aus Deutschland, Österreich und der Schweiz bestreiten das **Prager Theaterfestival deutscher Sprache** (www.theater.cz).

Dezember
Die **Weihnachtsmärkte** am Altstädter Ring, am Wenzelsplatz und am Náměstí Míru sind bei vielen Einheimischen beliebt und weniger touristisch orientiert.

Weihnachtsmarkt am Altstädter Ring

Geld, Kreditkarten

Gesetzliches Zahlungsmittel ist ausschließlich die tschechische Krone (Kč). Eine Krone besteht aus 100 Heller (hl). Die Heller wurden jedoch inzwischen aus dem Verkehr gezogen. Es gibt Banknoten zu 100, 200, 500, 1000, 2000 und 5000 Kronen sowie Münzen zu 1, 2, 5, 10, 20 und 50 Kronen. **Wechselkurs:** € 1 entspricht etwa Kč 25, CHF 1 etwa Kč 26 (Stand: Januar 2024).

Banken sind in der Regel von Mo–Fr von 9–17 Uhr geöffnet, Wechselstuben täglich bis in den späten Abend oder 24 Stunden durchgehend. Einige Wechselstuben locken mit falschen Kursen – als ob man für Kronen Auslandswährung kaufen möchte – deshalb unbedingt auf den Kurs »We buy« achten anstatt »We sell«. Schwarztausch ist streng verboten!

Tipp: Am besten zieht man Geld aus einem **Bankomat** per Maestro-Karte. Der Kurs ist sehr günstig, kostet jedoch pro Abbuchung eine Gebühr von ca. € 2,50. Die Bankautomaten sind überall im Zentrum zu finden.

Mit **Kreditkarte** Bargeld abzuheben ist im Vergleich viel teurer. Die gängigen Kreditkarten MasterCard und VISA werden in den meisten Geschäften und Restaurants akzeptiert, American Express und Diners Club eher seltener.

Beim Verlust von Maestro/ec- oder Kreditkarten wählt man die allgemeine Sperrnummer für Deutschland ✆ +49 116 116 oder jeweils ✆ 800 142 494 (MasterCard), ✆ 800 142 121 (Visa), ✆ 222 800 222 (American Express), ✆ 255 712 712 (Diners Club).

Hinweise für Menschen mit Handicap

Prag ist durch seine jahrhundertealten Bauten und Straßen nicht besonders gut auf Behinderte mit Rollstühlen eingestellt. Die Metro rüstet nach und nach ihre Stationen mit Aufzügen aus, ansonsten sind überwiegend Rolltreppen vorhanden. Erst in letzter Zeit werden neue Gebäude behindertengerecht gebaut bzw. bestehende öffentliche Gebäude entsprechend umgerüstet.

Ein Vorteil ist jedoch, dass in Prag das komplette Zentrum zu Fuß erreichbar ist, sodass auch Rollstuhlfahrer, sieht man mal vom ruppigen Pflaster ab, leicht von einer Sehenswürdigkeit zur nächsten kommen. Nur zur Prager Burg hinauf ist der Weg zu steil, hierfür sollte lieber ein Taxi genommen werden.

Internet

Inzwischen hat drahtloses Internet (WiFi) in vielen Cafés, Restaurants und Läden Einzug gehalten, in der Regel sogar gratis. Gute tschechische Websites sind die lokale Suchmaschine www.seznam.cz sowie der Landkartendienst www.mapy.cz.

Prag im Internet:

www.prague.eu
Die Seiten von Prague City Tourism bieten Infos zur Stadt mit topaktuellem Kulturprogramm.

www.praha.eu
Offizielle Webpräsenz der Stadt Prag mit u. a. über 20 Webcams.

www.prag-aktuell.cz
Stadtmagazin und Presseschau rund um Prag und Tschechien auf Deutsch mit guten Tipps.

Romantisch: die verschneite Karlsbrücke

www.tschechien-online.org
Nachrichten und Hintergrundwissen über das Land mit aktuellen Entwicklungen und einem Riesenfundus an Links.

www.pragerzeitung.cz
Die »Prager Zeitung« berichtet als Online-Ausgabe über die Hintergründe des Prager Lebens, mit praktischen Tipps.

Klima, Kleidung, Reisezeit

Die durchschnittliche Jahrestemperatur beträgt 9,3 °C. Im Juni werden im Schnitt 17,3 °C gemessen, im Juli 19,2 °C. Am kältesten ist es im Dezember mit 1,8 °C und im Februar mit 0,5 °C. Diese statistischen Durchschnittszahlen täuschen jedoch, weil es von Mai bis September mit Werten von über 30 °C häufig sehr heiß wird und die Temperatur im Winter nicht selten deutlich unter null fällt.

Prag ist im Frühjahr besonders schön: Das Wetter ist mild, die Gärten und Plätze locken zum Verweilen. Im Sommer scheint es fast zu warm, allerdings gelten Juli und August als Nebensaison mit günstigeren Unterkunftspreisen. Zum Erkunden einer Stadt ist der Herbst gut geeignet, gerade im September ist es in Prag im Vergleich zu den heißen Sommermonaten sehr angenehm. Um die Schönheiten der Stadt in Ruhe entdecken zu können, ist jedoch ein Besuch im Winter ratsam, weil sich dann weniger Touristen in der Goldenen Stadt aufhalten.

Aus kultureller Sicht kann man das ganze Jahr über interessante Aufführungen erleben. Lediglich im Juli und August haben die klassischen Theater Sommerpause, die vom Tourismus abhängigen Bühnen hingegen spielen im Winter eher unregelmäßig.

Medizinische Versorgung

Auch wenn inzwischen Sozialabkommen mit Deutschland, Österreich und der Schweiz bestehen, empfiehlt sich der Abschluss einer **Reisekrankenversicherung**, die es günstig ab € 10 gibt. Ansonsten kann es vorkommen, dass man einen Krankenhausaufenthalt selbst per Kreditkarte zahlen muss. Die ärztliche Versorgung in Prag ist sehr gut, insbesondere in den privaten Kliniken.

Notfälle, wichtige Rufnummern

Notruf ✆ 112
Polizei (Policie) ✆ 158
Erste Hilfe (Záhranná služba) ✆ 155
Feuerwehr (Hasiči) ✆ 150
Pannendienst ✆ 1230
Fundbüro (Ztráty a nálezy) ✆ 224 235 085
Apotheke (Lékárna) mit 24-Stunden-Dienst ✆ 222 513 396

Ärztlicher Notdienst
✆ 257 272 146, www.homolka.cz (24-Stunden-Service im Krankenhaus Nemocnice Na Homolce, die Ärzte sprechen auch englisch oder deutsch)
Zahnärztlicher Notdienst
✆ 224 946 981, Mo–Fr 19–7 Uhr, Sa/So durchgehend

Vorwahl Tschechien ✆ +420
Vorwahl Deutschland ✆ +49
Vorwahl Österreich ✆ +43
Vorwahl Schweiz ✆ +41
Auskunft Tschechien ✆ 1180
Auskunft International ✆ 1181

Zuginformation
✆ 224 224 200, www.idos.cz
Fluginformation
✆ 220 111 111, www.prg.aero
Reisebusinformation
✆ 12 999, www.idos.cz

Post, Briefmarken

Hlavní Pošta/Hauptpost ➡ E7
Jindřišská 14, Nové Město
Metro A/B: Můstek
✆ 221 131 111
www.ceskaposta.cz
Die Prager Hauptpost ist mit ihren Fresken in der atriumartigen Schalterhalle eine Augenweide. Briefmarken *(známky)* für Postkarten und Briefe (bis 50 g) in europäische Länder kosten derzeit Kč 39, außerhalb Europas Kč 45, innerhalb Tschechiens Kč 21 (bis 50 g). Die Briefkästen sind orangefarben.

Presse

Die deutschsprachige »Prager Zeitung« sowie die englischsprachige »The Prague Post« waren als Medien der ersten Stunde nach der Revolution unerlässlich, doch sind deren Printausgaben angesichts Internet per Smartphone und mangels Werbeeinnahmen eingestellt worden. **Kioske** am Wenzelsplatz und am Altstädter Ring verkaufen internationale Zeitungen und Zeitschriften.

Neben den öffentlich-rechtlichen **Fernsehsendern** ČT1 und ČT2 sind die Privatsender Nova und Prima bei den Einwohnern beliebt. Über Satellit sind in den meisten Hotels auch deutsche Programme zu sehen.

Rauchen

Das Rauchen in öffentlichen Gebäuden, an den Haltestellen und in den Fahrzeugen der öffentlichen Verkehrsmittel sowie in kulturellen Einrichtungen ist nicht gestattet. Lange Zeit konnten sich Gastronomiebetriebe einfach mit einer Nichtraucherzone helfen, um den Liebhabern des störenden Glimmstengels den Besuch nicht zu vergraulen. Zum Nichtrauchertag Ende Mai 2017 fiel Europas letzte Raucherbastion: inzwischen darf man in Restaurants, Bierstuben, Kinos und im Theater nur noch E-Zigaretten und Wasserpfeifen rauchen. Draußen vor den Lokalen ist das Rauchen aber noch möglich.

Sicherheit

Man kann sich in Prag sicher fühlen, obwohl Trickdiebstähle und das Entwenden von Autos die häufigsten kriminellen Delikte darstellen. Achten Sie also besonders an stark frequentierten Stellen wie am Wenzelsplatz, am Altstädter Ring oder auf der Karlsbrücke immer auf Ihre Wertsachen. Sollten Sie auf der Straße etwas kaufen wollen, so halten Sie vorher kleine Scheine parat und öffnen Sie nicht Ihre Geldbörse. Ein weiterer Unsicherheitsfaktor sind die Straßenbahnen und Metros. Passanten werden nicht selten abgelenkt, und schon ist es geschehen. Bis Sie den Diebstahl bemerkt haben, sind die Täter längst verschwunden oder ausgestiegen. Geben Sie auch auf bettelnde Kinder und Frauen acht. Natürlich sollten Wertgegenstände weder in Handtaschen noch vorne in Rucksäcken transportiert werden.

Parken Sie Ihren Wagen auf bewachten Parkplätzen und nehmen Sie alle wertvollen Dinge heraus. Die genannten Formen der Kriminalität haben sich in den letzten Jahren zum Glück spürbar reduziert.

Sightseeing, Touren

Verschiedene Veranstalter bieten Spaziergänge von ortskundigen Reiseführern an, die kleinere Gruppen zu Fuß durch Prag begleiten, meist auf Englisch. Typischer Treffpunkt ist vor dem Altstädter Rathaus. Hier zwei Spezialanbieter:

Taste of Prague
✆ 775 577 275
www.tasteofprague.com
Wer hat die besten kulinarischen Tipps in einer Stadt? Hier kann man mit lokalen Foodies auf Entdeckungsjagd durch die Prager Gastronomie gehen und dabei viel über das Prager Leben erfahren. Häufig wechselnder Startpunkt, daher bitte online vorbuchen.

Prague Craft Beer Tour
✆ 608 292 825
www.praguebeer.tours
Wo andere Städte Grundwasser haben, hat Prag Bier. Prager Biersommeliere führen auf verschiedenen Routen durch die Bierstuben der Stadt, u. a. in eine Klosterbrauerei oder zu einem Brauworkshop. Die Touren starten am Pulverturm am Platz der Republik.

Prague Boats ➡ D6
Treffpunkt: Bootsanleger unterhalb der Čechův most
Na Františku, Staré Město
Metro A: Staroměstská
✆ 224 810 030
www.prague-boats.cz
Die Schiffe der großen Reederei fahren ab der Čech-Brücke tägl. von 10 bis 18 Uhr. Neben 1-stündigen Fahrten und 2-stündigen Touren mit Essen und Musik führen längere Trips bis zur Talsperre nach Slapy.

Prague Segway Tours ➡ E4
Treffpunkt: Maltézské náměstí 7
Malá Strana
Tram 22: Hellichova
✆ 724 280 838
www.prague-segway-tours.com
Sightseeingtouren in kleinen Gruppen auf einem einachsigen Vehikel mit Motor namens »Segway«. Die Touren beinhalten ein 20-minütiges Training. Danach kommt man auch auf dem Kopfsteinpflaster gut voran.

Strom

Das tschechische Stromnetz basiert auf einer Spannung von 230 Volt. Eurostecker passen auf jeden Fall, in der Regel auch die in Deutschland und Österreich üblichen Schukostecker. Aus der Steckdose kommt eine Mittelstange wie in Frankreich. Die Schweizer Stecker mit drei Stangen können nicht angeschlossen werden. Mitgebrachte Adapter oder Reisestecker vermeiden Probleme, sie sind in der Regel nicht an Hotelrezeptionen erhältlich.

Telefonieren

Die internationale Vorwahlkennziffer nach Deutschland ist ✆ +49, in die Schweiz ✆ +41 und nach Österreich ✆ +43. Die Vorwahl von

Auch eine Art der Fortbewegung: mit der Pferdekutsche durch den historischen Stadtkern

diesen Ländern nach Tschechien ist ✆ +420.

In Tschechien gibt es seit einigen Jahren keine Ortsvorwahlen mehr; alle Anschlüsse außer Sondernummern sind neunstellig. Auslandsauskunft: ✆ 1181, Auskünfte in Tschechien: ✆ 1180.

Karten für die gelben Kartentelefone sind in vielen Hotels, bei den Postämtern, einigen Tabakläden und Zeitungskiosken zu haben. Die Münztelefone funktionieren selten. Telefonieren vom Hotelzimmer oder von der Rezeption aus kann teuer werden.

Die tschechischen Handynetze T-Mobile, Vodafone und O2 sind gute Bekannte in Europa. Für intensive Datennutzung und Gäste aus der Schweiz (Roaminggebühren) lohnt sich eine Prepaid-Karte, die günstigste bietet Vodafone.

Trinkgeld

Die Preise der Speisekarten sind Inklusivpreise, beinhalten also neben der Mehrwertsteuer auch den Service. Trotzdem kann man bei Zufriedenheit den Betrag um bis zu zehn Prozent aufrunden. Die Kellner erwarten meist, dass ein Tisch zusammen abkassiert wird und die Gäste erst dann den Betrag unter sich aufteilen.

Vorsicht ist bei allzu touristischen Restaurants geboten, weil auf die Rechnung häufig ein Servicebetrag von 15 Prozent oder mehr aufgeschlagen wird, obwohl dies nicht in der Karte vermerkt ist. Ein Gespräch mit dem Oberkellner befreit im Regelfall davon.

Bei Taxifahrern wird der Betrag meist aufgerundet. Friseuren und örtlichen Reiseleitern gibt man gerne einen kleinen Obolus.

Verkehrsmittel

Bus, Bahn und Metro
Prag verfügt über ein gut abgestimmtes Netz an öffentlichen Verkehrsmitteln. Das Stadtbild wird von gelben und rot-weißen Straßenbahnen geprägt, die in Prag gebaut wurden und auch in anderen osteuropäischen Städten fahren. Außerhalb des Zentrums verkehren Busse als Zubringer zu den Metrostationen.

Die Metro genannte Untergrundbahn wurde 1974 eröffnet, auch wenn erste Planungen bereits Ende des 19. Jahrhunderts parallel zur Planung der Kanalisation existierten. Derzeit verkehren die drei Metrolinien A (grün), B (gelb) und C (rot), die sich in den Verkehrsknotenpunkten Můstek (A/B), Muzeum (A/C) und Florenc (B/C) kreuzen.

Die Linien der Metro, Straßenbahnen und Busse fahren während des Tages von 5–24 Uhr, ab Mitternacht ausschließlich die Nachtlinien (Nachtbusse haben 500er- und 600er-Nummern, Nachtbahnen 50er). Zum Netz gehört auch die Seilbahn auf den Laurenziberg (Petřín).

Fahrkarten werden in Tabakläden, in den Infostellen der öffentlichen Verkehrsbetriebe und auch in den meisten Hotels verkauft. In den Metrostationen stehen Fahrkartenautomaten, im Bus ist es etwas teurer. Das Ticket muss bei Fahrtantritt entwertet werden!

In allen öffentlichen Verkehrsmitteln kann man für Kč 30 während 30 Minuten und für Kč 40 während 90 Minuten im gesamten Netz fahren und in dieser Zeit nach Belieben aus-, ein- und umsteigen. Die bisherige Kurzstreckenkarte ohne Umsteigen gibt es nicht mehr. Schwarzfahren kostet Kč 800, EU-Bürger über 70 und Kinder bis 9 Jahre fahren gratis.

Wer nicht im fußläufigen Zentrum abgestiegen ist, kann auch auf **Tageskarten** zurückgreifen. Die 24-Stunden-Karte gibt es für Kč 120, das 72-Stunden-Ticket kostet Kč 330. Über einen längeren Zeitraum geltende Tickets sind nur für Prager Einwohner im Rahmen der neuen Karte Lítačka erhältlich.

Tipp: Die **Straßenbahnlinie 22** fährt am Platz des Friedens, am Karlsplatz, am Nationaltheater und an der Prager Burg vorbei – eine kleine Stadtrundfahrt.

Wer Hilfe benötigt, wendet sich am besten an die **Informationsstelle** der öffentlichen Verkehrsbetriebe an der Metrostation **Můstek** (Linien A/C, ✆ 296 191 817, www.dpp.cz).

Taxi

Taxifahren ist in Prag eigentlich vergleichsweise preiswert. Eine Fahrt kostet offiziell pro Kilometer Kč 28 plus Kč 40 Grundgebühr. Hotel-Taxis berechnen häufig einen Aufschlag.

Achtung: Einige schwarze Schafe unter den Fahrern stellen das Taxameter nicht an und verlangen später einen (meist überhöhten) Pauschalpreis, besonders in der Nacht. Inzwischen wurden faire Taxistände mit Preistafeln eingerichtet. Mittlerweile sind die meisten Taxis gelb wie in New York City.

Ehrliche Taxifirmen garantieren offizielle Preise und ermöglichen Bestellungen auf Englisch oder auf Deutsch. Empfehlenswert ist **Radiotaxi AAA** (✆ 140 14, www.aaataxi.cz); unbedingt die groß geschriebene Telefonnummer an der Taxitür beachten, lohnenswert ist die App für Smartphones mit Discount.

Parken

Das »wilde« Parken ist im Zentrum, außer an wenigen Parkuhren (orange beschildert), nicht möglich, weil die spärlichen Plätze (blau beschildert) für die Anwohner reserviert sind. Parken Sie Ihren Wagen daher auf bewachten Parkplätzen oder in den Parkhäusern wie am Rudolfinum, neben der Staatsoper oder unter dem Palladium. Auch wenn sich die Autokriminalität in den letzten Jahren spürbar reduziert hat, sollten Sie doch alle wertvollen Dinge aus dem Wagen herausnehmen.

Zeitzone

Tschechien liegt in der mitteleuropäischen Zeitzone (MEZ) und verhält sich bezüglich der Sommer- und Winterzeit genauso wie die umliegenden Länder.

Zoll

Innerhalb des EU-Raums dürfen Waren für den persönlichen Gebrauch frei ein- und ausgeführt werden. Weitere Informationen unter www.zoll.de. Für Schweizer gelten die folgenden Grenzwerte: 250 Zigaretten oder 250 g Zigarren oder Tabak, 1 Liter Spirituosen über 18 Prozent Alkohol und 5 Liter Wein bzw. ähnliche Getränke unter 18 Prozent. ■

Die wichtigsten Wörter für unterwegs

Englisch ist vor allem bei den Jüngeren Fremdsprache Nummer eins. Mehr und mehr tschechische Schüler lernen auch Deutsch. Trotzdem ist es nützlich, einige tschechische Begriffe zu wissen. Touristen sollten vor allem die Übersetzung der typischen Speisen und Getränke kennen – in den gemütlichen kleinen Kneipen, in denen es meist sehr gutes Essen gibt, ist die Karte oft nur einsprachig.

Einige Tipps zur Aussprache: Die Betonung liegt immer auf der ersten Silbe. Normale Vokale werden kurz ausgesprochen, Vokale mit Akzent gedehnt. Einige Buchstaben gibt es im Deutschen nicht oder sind unterschiedlich. Das »ch« ist übrigens ein eigener Buchstabe und steht in Buchregistern, Stadtplänen und dieser Auflistung zwischen »h« und »i«.

c	tz wie Katze
č	tsch wie Kutsche
ď	Kombination aus d und j
e	ä wie Käse
ě	jä wie jäh
ch	ch wie flach
ň	Kombination aus n und j
ř	Kombination aus rollendem r und weichem sch
s	stimmloses s wie Fluss
š	sch wie Tasche
ť	t und j wie tja
ů	langes u wie Ruf
v	w wie Wald
z	stimmhaftes s wie Meise
z	am Wortende ss wie nass
ž	stimmhaftes sch wie Journal

Alltag, Umgangsformen

Guten Morgen!	*Dobré jitro! Dobré ráno!*
Guten Tag!	*Dobrý den!*
Guten Abend!	*Dobrý večer!*
Auf Wiedersehen!	*Na shledanou!*
Hallo!/Tschüss!	*Ahoj!*
ja	*ano*
nein	*ne*
danke	*děkuji*
bitte	*prosím*
Verzeihung!	*Promiňte!*
Bezahlen, bitte.	*Zaplatit, prosím.*

Was auf der Speisekarte steht

chléb	Brot
máslo	Butter
sýr	Käse
vajíčko, vejce	Ei
sendvič	Sandwich
hemenex	Ham and eggs
hořčice	Senf
kečup	Ketchup
cukr	Zucker
pepř	Pfeffer
sůl	Salz
polévka	Suppe
bramboračka	Kartoffelsuppe
dršťková	Kuttelflecksuppe
gulášová	Gulaschsuppe
maso	Fleisch
vepřo-knedlo-zelo	Schweinebraten
řízek	Schnitzel
sekaná	Hackbraten
svíčková	Lendenbraten
uzené maso	Selchfleisch
guláš	Gulasch
klobása	Bratwurst
pražská šunka	Prager Schinken (gekocht)
utopenec	Ertrunkener (Wurst mit Zwiebeln)
ryba	Fisch
kapr	Karpfen
kuře	Huhn
smažený	paniert
knedlíky	Knödel
omáčka	Soße
tatářská omáčka	Tatarsoße
chřest	Spargel
salát	Salat
šopský salát	Gurken, Tomaten, Schafkäse

buchtičky	Buchteln (Mehlspeisendessert)
livance	Liwanzen (Mehlspeisendessert)
palačinky	Palatschinken (Pfannkuchen)
jablečný závin	Apfelstrudel
kobliha	Berliner
zmrzlina	Speiseeis

Getränke

káva	Kaffee
vídeňská káva	Wiener Kaffee (mit Schlagsahne)
čaj	Tee
mléko	Milch
džus	Saft
minerální voda	Mineralwasser
neperlivá	ohne Kohlensäure
perlivá	mit Kohlensäure
šampaňské	Sekt
víno	Wein
bílé víno	Weißwein
červené víno	Rotwein
Frankovka	berühmte Rotweinsorte
pivo	Bier
světlé pivo	helles Bier
tmavé pivo	dunkles Bier
řezané pivo	geschnittenes Bier (halb hell/halb dunkel)
slivovice	Pflaumenschnaps
likér	Likör
Becherovka	Kräuterlikör
beton	Becherovka mit Tonic
na zdraví!	zum Wohl!

Aufschriften

hasiči	Feuerwehr
policie	Polizei
hranice	Grenze
pozor	Achtung
zavřeno	geschlossen
otevřeno	geöffnet
zakázaný	verboten
lékárna	Apotheke
kadeřnictví	Friseur
knihkupectví	Buchhandlung
květiny	Blumen
pošta	Post
restaurace	Restaurant
vinárna	Weinstube
hospoda	Wirtshaus
pivnice	Bierstube
kuřáci	Raucher
nekuřáci	Nichtraucher
toalety, záchody	Toiletten
muži	WC (Herren)
ženy	WC (Damen)
děti	Kinder

Verkehrsmittel

autobus	Reisebus
letadlo	Flugzeug
loď	Schiff
metro	Untergrundbahn
tramvaj	Straßenbahn
vlak	Zug
MHD	ÖPNV
letiště	Flughafen
nádraží	Bahnhof
jízdenky	Fahrkarten, Billets
kolej	Gleis
nástup	Einstieg
výstup	Ausstieg
přestup	Umstieg
směr	Richtung
vchod	Eingang
východ	Ausgang ■

Abschiedsblick auf die Prager Burg

Die **fetten** Seitenzahlen verweisen auf ausführliche Erwähnungen, *kursiv* gesetzte Begriffe bzw. Seitenzahlen beziehen sich auf den Service.

GO VISTA CITY

Reiseführer mit ausfaltbarer

VISTA POINT Verlag GmbH · www.vistapoint.de

& INFO GUIDES

Karte und E-Book inside

NEU 2024

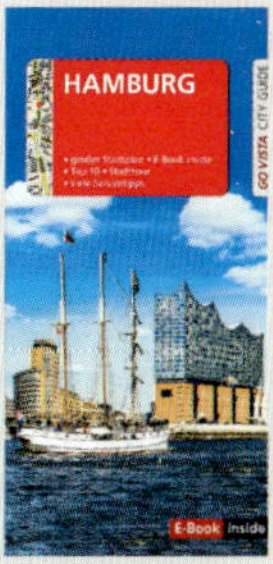

- mit E-Book zum Download
- Top 10
- alle Highlights der Destination
- Vorschläge für eine oder mehrere Stadttouren
- Tipps zu Essen und Trinken, Nightlife, Shopping, Kultur, Sport etc.
- Chronik mit Daten zur Geschichte
- reisepraktische Hinweise
- Sprachführer (in ausgewählten Titeln)
- ausfaltbare Karte
- Format 11 x 21,5 cm
- 96 oder 144 Seiten

E-Book inside

info@vistapoint.de · www.facebook.de/vistapoint

Anna Neumann/laif, Köln: S. 45
Czech Tourism, Praha: S. 3 o. l., 22, 28, 29, 78 u.
Fotolia/ Oxana Brigadirova: S. 2 o. r., 18; PHB.cz: S. 85
Fulvio Zanettini/laif, Köln: Schmutztitel (S. 1), S. 2 o. l., 11, 15, 69
Gunnar Habitz: S. 6 o. l., 16 o., 16 u., 51, 63
Hotel Paříž, Prag: S. 50
iStockphoto/adisa: S. 71; Andriy Doriy: S. 65; Angelafoto: S. 80; Anibal Trejo: S. 27 o.; Courtyardpix: S. 44; DaddyBit: S. 19 o.; Denis Palekha: S. 32; Eduard Shelesnjak: S. 33; Ekaterina Dushenina: S. 73; Elena Solodovnikova: S. 26; Greg Panosian: S. 4/5, 37; JurgaR: S. 88; Konstik: S. 61; Lillisphotography: S. 21 u., 24 o.; Martin Pietak: S. 21 o.; Michael Palis: S. 24 u.; Nikada: S. 3 o. r., 9, 38, 39, 49, 81; Pavel Pospisil: S. 41; Pavlo Maydikov: S. 43; Peter Zelei: S. 7; Robert van Beets: S. 6 u. r.; Roberto Gennaro: S. 6 u. l.; Vitaly Titov: S. 91; Xantana: S. 79; Ziutograf: S. 3 o. Mitte, 31 o.; Zurek: S. 23, 34, 36
János Kalmár, Wien: S. 3 u., 12 o.
Pixelio: S. 2 o. Mitte, 6 o. r., 19 u., 35; Henrik G. Vogel: S. 67
shutterstock/Anton Watman: S. 55; ArTono: S. 55; Balate Dorin: S. 83; emka74: S. 47; Pavels Dunaicevs: S. 62; PHOTOCREO Michal Bednarek: S. 75; photosmatic: S. 68; Roman Kybus: S. 12/13; V_E: S. 30/31; Yasonya: S. 14
VISTA POINT Verlag (Archiv), Rheinbreitbach: S. 8, 17, 25, 27 u., 30 o., 54, 76, 77 o., 77 u., 78 o., 84
Wikipedia/Daniel Baránek: S. 52; Hans Peter Schaefer: S. 59; Matěj Baťha: S. 53

Schmutztitel (S. 1): Hausfassade am Altstädter Ring
Seite 2/3 (v. l. n. r.): Nationaltheater, Teynkirche, Goldenes Gässchen, Moldau-Brücken, St.-Veits-Kathedrale, Altstädter Ring, Jugendstileingang im Hauptbahnhof (S. 3 u.)
Seite 6/7: Eingang zur Burg (S. 6 o. r.), Altstädter Ring (S. 6 o. l.), Grabsteine auf dem Alten Jüdischen Friedhof (S. 6 u. r.), Karlsbrücke zur Kleinseite hin (S. 6 u. l.), Palastgärten (S. 7)

Reihenkonzeption: Andreas Schulz & VISTA POINT-Team
Bildredaktion: Andrea Herfurth-Schindler, Kathrin Fäller
Lektorat: JB Bild|Text|Satz, Berlin
Layout und Herstellung: Sandra Penno-Vesper, Potsdam
Reproduktionen: Henning Rohm, Köln
Kartographie: Berndtson & Berndtson Productions GmbH, Fürstenfeldbruck, und Huber Kartographie GmbH
Gesamtherstellung: VISTA POINT Verlag GmbH, Rheinbreitbach

ISBN 978-3-96141-787-2

An unsere Leserinnen und Leser!
Die Informationen dieses Buches wurden gewissenhaft recherchiert und von der Verlagsredaktion sorgfältig überprüft. Nichtsdestoweniger sind inhaltliche Fehler nicht immer zu vermeiden. Für diese übernimmt der Verlag keine Haftung. Für Ihre Korrekturen und Ergänzungsvorschläge sind wir dankbar.

VISTA POINT Verlag
Rolandsecker Weg 30 · 53619 Rheinbreitbach
Telefon: +49 (0)2224/7795-0 · Fax: +49 (0)2224/7795-100
info@vistapoint.de · www.vistapoint.de · www.facebook.de/vistapoint